SOUS PRESSE :
- La Fiancée de Lammermoor, drame de M. Victor Ducange.
- Léonide ou la Vieille de Suresne.
- Le Philtre, opéra de M. Scribe.
- Le Code et l'Amour.

LA FRANCE
DRAMATIQUE
AU
DIX-NEUVIÈME SIÈCLE.

Variétés.

L'AMOUR,

COMÉDIE EN TROIS ACTES, MÊLÉE DE CHANT.

534 — 535

PARIS

J.-N. BARBA,   DELLOYE,   BEZOU,
AU PALAIS-ROYAL,   RUE DES FILLES-S.-THOMAS,   BOULEVARD S.-MARTIN,
Derrière le Théâtre-Français.   Près de la Bourse.   Et rue Meslay, n° 34.

AU MAGASIN GÉNÉRAL DES PIÈCES DE THÉÂTRE
DE Ch. TRESSE, SUCCESSEUR DE J.-N. BARBA,
Palais-Royal, Grande Cour, derrière le Théâtre-Français.

1839

L'AMOUR

COMÉDIE EN TROIS ACTES,

MÊLÉE DE CHANT,

PAR M. ROSIER.

Représentée pour la première fois, à Paris, sur le théâtre des Variétés, le 21 septembre 1839.

DISTRIBUTION DE LA PIÈCE:

LOUISILLE (prononcez *ille*, comme dans fille)	MM. LAFONT.
LE CHEVALIER DE NANGIS	BRINDEAU.
LE FINANCIER MEXICARD	CAZOT.
LE MARQUIS DE MAREUIL	KEMP.
FLORA	Mmes L. MAYER.
LA FINANCIÈRE	FLORE.
LA MARQUISE	QUÉZAIN.
UNE FEMME DE CHAMBRE, UNE OUVRIÈRE, UN CRIEUR, PORTEURS DE CHAISES, PORTEURS DE MEUBLES.	

La scène se passe sous la régence.

ACTE PREMIER.

Riche salon du temps. Porte au fond, porte à gauche, porte à droite.

SCÈNE I.

LA MARQUISE, UNE FEMME DE CHAMBRE, puis LA FINANCIÈRE. *La femme de chambre coiffe la marquise.*

LA MARQUISE, *devant une toilette.*

Non, laissez, vous ne savez pas; j'attendrai le coiffeur.

(*La femme de chambre sort par le fond et y rencontre la financière.*)

LA FINANCIÈRE, à la femme de chambre.

Bonjour, Gudule.

LA MARQUISE.

Ah! c'est vous enfin, chère madame Mexicard!

LA FINANCIÈRE, *s'asseyant près de la marquise.*

Oui, ma belle indolente. Tenez, voici les mille écus que vous m'avez demandés. Si cela ne suffit pas, je suis toujours à vous. Payez vos dettes, puisque le marquis n'a pas un sou.

LA MARQUISE.

Votre mari ignore au moins...

LA FINANCIÈRE.

Est-ce que je le consulte jamais quand j'enfonce les deux mains dans les entrailles de sa caisse? D'ailleurs, nous vivons sous le régime de

---

Note pour les directeurs de province. Le personnage de Louisille étant dans la pièce la personnification de la beauté, doit être donné, sans distinction d'emploi, à un comédien de bonne mine. L'auteur s'en rapporte, à cet égard, au jugement des directeurs.

La position des personnages est indiquée en tête de chaque scène. Le premier inscrit tient la gauche du spectateur. Les changements de position sont indiqués par des renvois au bas des pages.

la communauté. Et puis, s'il m'interdisait ses écus, je lui interdirais mes grâces. Il y perdrait... épouvantablement!

LA MARQUISE.

Est-ce qu'il ne devait pas vous accompagner ici?

LA FINANCIÈRE.

Oui; mais je n'ai pu le démarrer de ses chiffres. La finance est si pesante! c'est comme un lingot d'or : brillant et lourd.

LA MARQUISE, souriant.

Vous ne ménagez guère votre mari.

LA FINANCIÈRE.

Est-ce qu'il faut ménager les maris? On en ferait des tyrans, et moi, les tyrans, pouah! je les déteste.

LA MARQUISE.

Vous l'avez aimé, pourtant?

LA FINANCIÈRE.

Je ne sais pas, je ne présume pas. Il s'était grossièrement enrichi dans le bric-à-brac et en prêtant à la petite semaine ; c'est là que je l'ai connu, quand je vendais du poisson.

LA MARQUISE, riant.

Plus bas.

LA FINANCIÈRE.

Pourquoi ça? Vous n'en mangez pas comme celui que je vendais : des carpes superbes, et des anguilles grosses comme le serpent de Notre-Dame!

LA MARQUISE.

Pas si haut! L'on dirait que vous tirez vanité de votre ancien état.

LA FINANCIÈRE.

Bah! j'en parle pour qu'on ne me le rappelle pas; car le premier croquant qui s'aviserait... je lui baillerais... (Signe de soufflet.)

LA MARQUISE, riant.

Ah! ah! ah!

LA FINANCIÈRE.

Monsieur Mexicard donc prêtait à ma mère. Il me vit, il me remarqua; il m'appela Vénus marine, quoique je ne vendisse que du poisson de rivière. J'étais jeune et belle...

LA MARQUISE.

Et sage?

LA FINANCIÈRE, vivement.

J'étais jeune et belle, il me fit la cour; je lui tins la dragée à la hauteur d'un troisième étage et le laissai mâcher à vide pendant six mois. Il prit le bon parti, il m'épousa, il m'acheta; il achète tout... C'est un homme sans cœur... Si encore il avait de l'esprit!... Du reste, il se porte bien.

LA MARQUISE, riant.

Ah! ah! ah! vous êtes plaisante.

LA FINANCIÈRE.

Oui, ça vous divertit, mes propos hasardés... Vous n'en tenez pas, vous, mais au fond vous n'en pensez pas moins... vous en pensez peut-être davantage.

LA MARQUISE, avec reproche.

Madame Mexicard!...

LA FINANCIÈRE.

Laissez donc!... Vous ressemblez, vous autres précieuses, à ces longues et jolies Anglaises rose-pâle, qui ont de petites bouches fraîches et qui mangent du bœuf rôti toute la journée.

LA MARQUISE, éclatant.

Ah! ah! ah! vous devez bien divertir votre mari.

LA FINANCIÈRE.

Lui?... Non, un butor... il n'apprécie pas. D'ailleurs, je l'ennuie exprès, je lui garde rancune...

LA MARQUISE.

A cause de sa petite maison de la rue Saint-Antoine?... mais il vous a juré qu'il n'y remettrait plus les pieds. Il vous l'a donnée, et vous en avez fait pour vous un buen-retiro, une maison de campagne. C'est un endroit délicieux que j'adore.

(Elles se lèvent.)

LA FINANCIÈRE.

Notre présence l'a purifié. Laissons cela... quand j'y pense, ça me donne des vapeurs... (riant.) Il m'est venu des vapeurs... je crois que je suis amoureuse... Ça ne finira donc pas!... Parlons d'autre chose... Vous ne savez pas? j'ai pris un maître, depuis six mois, un jeune homme qui m'enseigne l'orthographe, la grammaire, les beautés de la langue et les synonymes. J'étudie toute la journée... Dit-on toute la journée ou tout le jour?

LA MARQUISE.

A propos de journée... toute celle d'hier, j'ai attendu Flora, la petite lingère.

LA FINANCIÈRE.

Elle viendra ici, c'est convenu... Vous serez contente, c'est une habile faiseuse. Vous savez, la baronne qui est si difforme? Eh bien! les robes de Flora dissimulent ses bosses de derrière et en imitent par-devant.

LA MARQUISE.

Oh! que vous êtes médisante! Si mon cousin le chevalier était là, lui qui a tant d'estime pour les femmes...

LA FINANCIÈRE.

Il est charmant, le chevalier. Est-il tout-à-fait guéri?

LA MARQUISE.

Oh! oui.

LA FINANCIÈRE.

Je vous demande!... aller blesser mon mari et se faire blesser par le vôtre pour une femme inconnue!

LA MARQUISE.

Oh! c'est un cœur! un cœur!

LA FINANCIÈRE.

Ah! si tous les hommes étaient sensibles autant que lui, comme on les affectionnerait... car enfin les hommes sont nos frères à nous autres femmes ! (d'un ton de prêche.) Oh! mes frères ! mes très chers frères...

LA FEMME DE CHAMBRE, du fond.
La lingère de madame la marquise.

(Elle sort par le fond. Flora paraît, suivie d'une ouvrière qui porte un grand carton et qui le remporte quand Flora en a tiré les objets qu'il renferme.)

SCÈNE II.
LA MARQUISE, L'OUVRIÈRE, FLORA, LA FINANCIÈRE.

FLORA, saluant.
Mesdames...

LA FINANCIÈRE, à Flora.
Bonjour, ma mie. Tu es plus jolie que moi; mais je ne t'en veux pas. Toujours mélancolique ! (à part.) Elle a quelque amour dans le coffre. (haut.) Voyons tes chiffons.

FLORA, vidant le carton.
Voici la robe et le toquet de madame la marquise.

(L'ouvrière sort, et Flora passe à la gauche de la financière avec la robe.)

LA MARQUISE, essayant le toquet.
Je ne puis pas l'essayer sans être coiffée, et Louisille qui n'arrive pas.

FLORA, à part, étonnée.
Louisille! (Elle donne un dernier coup d'œil à la robe.)

LA FINANCIÈRE.
Il ne se gêne pas, le monsieur Louisille. Il est négligent et fat, parce qu'il est beau, et il est spirituel comme s'il était laid. Et puis nos maris le gâtent (à part.) et nous aussi. (haut.) Ils lui permettent toute sorte de... comment dit-on?... Ah ! j'y suis... toute sorte de je ne sais quoi. J'ignore quelle espèce de service ce drôle peut leur rendre. Il y a quelque chose là-dessous, palsanguienne !

LA FEMME DE CHAMBRE, du fond.
Le coiffeur de madame la marquise.

SCÈNE III.
LA MARQUISE, LA FEMME DE CHAMBRE, LA FINANCIÈRE, LOUISILLE, FLORA.

LOUISILLE, saluant profondément.
Mesdames... (à part, regardant Flora.) Ma femme ici ! (haut à Flora, saluant légèrement.) Mademoiselle...

LA MARQUISE.
Louisille, vous arrivez bien tard.

LA FINANCIÈRE.
Toujours inexact, ce drôle ! Croiriez-vous que je l'ai connu tout petit merlan !

LA MARQUISE, bas, souriant.
Quand vous vendiez du poisson ?

LA FINANCIÈRE.
Oui, ce grand gaillard, si bien venu, je l'ai fait sauter sur mes genoux jusqu'à l'âge de douze ans.

LOUISILLE, bas, passant du côté de la marquise.
Quinze.

LA MARQUISE, à part.
Quelle folle ! (haut.) Savez-vous quelques nouvelles, monsieur Louisille ?

(La femme de chambre donne ce qu'il faut à Louisille, qui se met en train de coiffer la marquise assise devant la toilette.)

LOUISILLE, coiffant.
Eh! mon Dieu ! madame la marquise, le monde se répète depuis bien longtemps. Il est réduit à rappeler le passé. Ce qu'il y a de plus nouveau en ce moment...

LA FINANCIÈRE.
C'est...

LOUISILLE.
C'est que Dieu fit le monde en six jours et qu'il se reposa le septième.

LA FINANCIÈRE.
C'est vrai; l'homme rabâche.

LA MARQUISE.
Où en est l'affaire de ce pauvre comte de Mézac !

(Flora, qui arrangeait la robe de la marquise, laisse tomber ses mains, est émue et écoute.)

LOUISILLE.
Toujours au même point.

LA FINANCIÈRE.
Pense-t-on qu'il ait trempé en effet dans une conspiration contre la vie du régent?

FLORA, se levant vivement.
Lui ! le comte... c'est une calomnie. (se calmant et se ravisant.) Du moins on le dit.

(Louisille lui fait des signes de prudence.)

LA MARQUISE.
Et mon jeune cousin le chevalier l'assure; il en fait le plus grand éloge. Il dit que le comte de Mézac est un excellent homme ; il a rendu, dans le temps, de très grands services au père du chevalier.

LOUISILLE, coiffant toujours.
C'est sa cupide famille qui le hait et qui a profité de quelques propos inconsidérés et de quelques liaisons fâcheuses du comte pour le faire bannir et le dépouiller de tous ses biens.

LA FINANCIÈRE.
Oh! ces Mézac sont des brigands, tous, excepté le banni, peut-être.

FLORA, vivement.
Oui, oui.

(Signe de circonspection de Louisille.)

LA FINANCIÈRE.
Non pas qu'il vaille grand'chose, lui ; un homme qui a eu la jeunesse la plus débordée...

Dit-on débordée ou débauchée?... Bah! l'un vaut l'autre. Toujours est-il que c'était un séducteur; il a abandonné je ne sais combien de femmes, sans compter la sienne. Oh! moi, les hommes qui abandonnent les femmes, je les mordrais, je crois. Je mords, moi, quand j'aime ou quand je hais.

LOUISILLE, souriant et coiffant toujours.

Il est bon, madame, de n'être ni de vos amis ni de vos ennemis.

LA MARQUISE.

Le bruit a couru que le baron de Granjean avait entre les mains un papier qui aurait prouvé l'innocence du comte de Mézac relativement à ce complot dont on l'accuse.

(Flora se lève, émue d'espoir.)

Mais il l'a brûlé, dit-on, pour se venger d'une injure qu'il aurait autrefois reçue de lui.

(Flora retombe sur son siège.)

LOUISILLE.

Voilà qui est fini, madame la marquise .. (Il passe entre la financière et Flora, et il dit bas à Flora.) Observez-vous!

LA MARQUISE, essayant son toquet.

Charmant! (à sa femme de chambre.) Prenez cette robe. (à Flora.) Je vous ferai appeler quand je serai prête.

(La femme de chambre prend la robe et sort par la gauche. La marquise essaie son toquet devant la toilette.)

LA FINANCIÈRE, à Louisille.

Et ça va bien?

LOUISILLE.

Pas mal.

LA FINANCIÈRE.

Parlez-moi des coquins pour avoir des santés de fer.

LOUISILLE, à demi-voix.

Recevez mes compliments sur la vôtre, madame.

LA FINANCIÈRE, riant.

Nous avons trop d'esprit; nous mourrons jeunes.

LOUISILLE.

C'est un peu tard pour ça.

ENSEMBLE.

LA MARQUISE.

Air du final du premier acte de Mad. d'Egmont.

Allons, rentrons en diligence.
J'adore ce charmant toquet;
Avec ma robe, je le pense,
J'aurai l'air tout-à-fait coquet.

LA FINANCIÈRE.

Allons, rentrons en diligence,
J'aime votre charmant toquet;
Avec la robe, je le pense,
Vous aurez un air tout coquet.

LOUISILLE, bas à Flora.

Remettez-vous; quelle imprudence!
Votre trouble vous trahirait.

Faites donc bonne contenance,
Pour mieux garder notre secret.

FLORA, à part.

Remettons-nous; quelle imprudence!
Oui, mon trouble me trahirait;
Et faisons bonne contenance
Pour mieux garder notre secret.

(La marquise et la financière sortent par la gauche.)

SCÈNE IV.

LOUISILLE, FLORA.

LOUISILLE, après avoir regardé si personne ne survient.

Quelle imprudence! Votre émotion a failli vous trahir.

FLORA.

Oui, c'est vrai; je ne suis jamais maîtresse de mon premier mouvement; mais après cela je reprends ma sérénité. Dieu nous commande l'espérance.

LOUISILLE.

Il vous commande également l'obéissance à votre mari.

FLORA.

En quoi vous ai-je désobéi?

LOUISILLE.

N'était-il pas convenu d'abord que vous ne quitteriez jamais la boutique de lingerie que je vous ai achetée loin de ma boutique de coiffeur? Vous savez qu'il y a du danger pour vous à sortir trop souvent?

FLORA.

C'est votre faute. Votre position de coiffeur à la mode vous donne accès dans les maisons des grands. Eh bien! je trouve que vous n'agissez pas avec assez de zèle auprès d'eux pour obtenir la réhabilitation, le rappel du comte de Mézac. C'est pourquoi j'ai résolu, contrairement à nos conventions, d'aller chez mes pratiques, de voir du monde, de me faire par moi-même des protecteurs pour le pauvre banni.

LOUISILLE.

Si ce n'était que cela!... Je suis votre mari, n'est-il pas vrai?

FLORA.

Hélas!

LOUISILLE.

Voilà un hélas! bien conjugal qui serait mieux dans ma bouche que dans la vôtre; car enfin, qu'ai-je autre chose d'un mari que le titre? Vous êtes ma femme depuis deux mois, et vous ne m'avez pas encore permis de vous toucher la main.

FLORA.

C'est encore votre faute.

LOUISILLE.

Pas faute de bonne volonté, au moins

ACTE I, SCÈNE IV.

FLORA.

Quand je vous épousai secrètement dans un village, car il fallait que notre union fût ignorée de tous...

LOUISILLE.

Nous avions de bonnes raisons pour cela.

FLORA.

Vous savez le motif qui me détermina. J'arrivais de province ; j'étais seule, sans appui, ne connaissant personne. Le hasard me fit vous rencontrer. Il me sembla alors que la Providence vous envoyait à moi.

LOUISILLE.

Vous n'êtes guère reconnaissante envers la Providence, par la façon dont vous traitez le cadeau qu'elle vous a fait.

FLORA.

Ah ! monsieur, malgré l'abandon où je me trouvais, si j'avais su, la veille de notre mariage, ce que je n'appris que le jour même, après la cérémonie, vous ne seriez pas mon mari.

LOUISILLE.

Encore vos scrupules ?

FLORA.

N'ai-je pas raison d'en avoir ? Car enfin, comment êtes-vous parvenu à vivre dans la familiarité des grands seigneurs, à être leur confident, leur conseil, leur ami ? c'est en vous mêlant à leurs plus scandaleuses intrigues. S'il y a une femme séduite ou enlevée pour eux, on est à peu près sûr que c'est par votre entremise.

LOUISILLE.

Croyez-moi, ma femme... s'il m'est permis de vous donner ce vain nom... croyez-moi ; dans ce pays, que les prédicateurs appellent Babylone et que les philosophes appellent Athènes, il n'y a de femmes séduites que celles qui vont au-devant de la séduction, et d'enlevées que celles qui courent après ceux qui les enlèvent.

FLORA.

Quoi qu'il en soit, monsieur, je dois vous l'avouer, je ne vous aime pas.

LOUISILLE.

Je m'en suis, pardieu ! bien aperçu, et ce que vous dites là est un pléonasme.

FLORA.

Mais vous pouvez, si vous voulez, vous mettre bien dans mon esprit.

LOUISILLE.

J'aimerais mieux que ce fût dans votre cœur.

FLORA.

Il dépend de vous que cela vienne plus tard.

LOUISILLE.

Pourquoi cela ne viendrait-il pas en même temps, pour abréger ?

FLORA.

Il ne tient qu'à vous.

LOUISILLE, vivement.

Parlez ! Que faut-il faire ?

FLORA.

Vous le savez bien : Réaliser mon vœu le plus cher, ma pensée de tous les instants ; faire reconnaître l'innocence du comte de Mezac. Vous ne l'ignorez pas, il a rompu son ban ; il est à Paris. S'il est arrêté, mis à la Bastille, il y mourra ; il me l'a dit hier, quand je l'ai vu secrètement dans sa retraite ; et s'il meurt, moi, monsieur, je ne lui survivrai pas.

LOUISILLE.

Pourquoi donc vous forger toujours de sinistres idées ? pourquoi me dire cela ? Est-ce que je vous dis, moi, que je mourrais immédiatement après vous ? Allons donc !

FLORA.

Oui, vous avez raison. L'espérance est en moi, une voix secrète m'encourage... J'ai rêvé, cette nuit, d'un libérateur, d'un ange !

LOUISILLE, vivement.

Est-ce de moi ?

FLORA.

Non, monsieur.

LOUISILLE.

Tiens, c'est vrai. Que je suis bête !... Un ange ! ça ne se peut pas... Les maris n'apparaissent en rêve à leurs femmes que sous la forme de diables menaçants... et cornus.

LA FEMME DE CHAMBRE, de la gauche.

Madame la marquise vous attend.

(Elle sort par le fond.)

FLORA, à Louisille.

Monsieur, j'ai l'honneur de vous saluer.

LOUISILLE, s'inclinant.

Mademoiselle, je suis votre très humble...

(Flora est entrée chez la marquise, à gauche.)

SCÈNE V.

LOUISILLE, continuant.

Et très obéissant serviteur... (se promenant.) Singulière situation que la mienne !.. Je suis propriétaire d'une femme et je ne possède pas... Je tremble quelquefois en songeant qu'il pourrait bien y avoir sous jeu quelque usufruitier inconnu... Mais, non, non ; je fais injure à Flora ; elle est sage, très sage, jusqu'à présent... Mais venir ici, dans cette maison du marquis de Mareuil ; un homme qui n'a pas plus de mœurs... (faisant un geste de mépris.) que moi ; une espèce de duplicata de Richelieu, un roué, sans compter le financier qui hante céans ; il n'est ni beau ni spirituel, celui-là, mais il est si riche ! Et puis, il vient encore ici le jeune chevalier de Nangis, le cousin de madame la marquise, un garçon tout passion, tout cœur, tout sentiment. Trois hommes dangereux, chacun à sa manière !.. Mais, je ne me trompe pas ; c'est le gros financier que j'entends

SCÈNE VI.

LE FINANCIER, LOUISILLE, puis LE CHEVALIER.

LE FINANCIER, dans la coulisse au fond.
Le marquis est chez lui ; c'est bien.

LOUISILLE, saluant.
Monsieur le financier...

LE FINANCIER.
Tiens ! te voilà, mon coiffeur ? Tu as l'air tout pensif. Est-ce que tu serais malade ?

LOUISILLE.
Est-on malade parce qu'on pense ? Vous faites la satire de votre embonpoint.

LE FINANCIER, avec un gros rire.
Oh ! oh ! oh ! moi, je ne pense qu'à deux choses : à l'argent d'abord, au plaisir ensuite. Dis-moi : sais-tu quelque belle femme qui soit embarrassée de son cœur ? Eh ! j'aime le changement, moi ; je suis fatigué de ma dernière conquête.

LOUISILLE.
Vous voulez dire de votre dernière emplette.

LE FINANCIER.
Cela revient au même.

LOUISILLE.
Oh ! j'ai meilleure opinion que vous des femmes.

LE FINANCIER.
Et moi je ne jurerais que de la mienne. Pour celle-là, par exemple, j'en mettrais la main au feu.

LOUISILLE, à part.
Elle serait brûlée jusqu'à la moelle.

(Le chevalier entre.)

LE FINANCIER.
Eh ! eh ! eh ! voici le chevalier. Arrivez donc, chevalier, donnez un écu à Louisille. Il soutient votre thèse ; il dit du bien des femmes.

LE CHEVALIER.
Et c'est justice.

LE FINANCIER, raillant.
Toujours bon, sentimental, et dupe auprès d'elles !

LOUISILLE, à part.
S'il croit être fripon, lui !

LE FINANCIER, de même.
Vous les adorez ; vous les divinisez ! Vous ne plairez à aucune de cette façon.

LE CHEVALIER, avec dédain.
Comment faites-vous donc l'amour, vous ?

LOUISILLE.
Monsieur le financier vous répondra comme ce gentilhomme à Louis XIV qui lui adressait la même question : Sire, je ne fais pas l'amour ; je l'achète tout fait.

LE FINANCIER.
C'est vrai. Je passe chez mon ami le marquis.

(à part.) Je lui porte de l'argent. (à Louisille.) Viens-tu le coiffer ?

LOUISILLE.
Je vous suis.

LE FINANCIER.
A revoir, chevalier ; et croyez-moi, soyez moins amoureux si vous voulez plaire.

(Ils sortent par la droite et vont chez le marquis.)

SCÈNE VII.

LE CHEVALIER, seul.

Les femmes ! oh ! oui, les femmes ! la plus belle création de Dieu ! je les aime ! Ou plutôt j'aime une femme, une seule, un ange, oui, un ange ! elle en a jusqu'aux fugitives apparitions. Tous les dimanches, je la rencontre dans une église, et, quand elle sort, je la suis ; elle rougit à ma vue, car elle a deviné mon amour. Ah ! si je pouvais lui parler ! (avec impatience.) C'est ma faute aussi ! je l'aurais pu ; mais quand je la suis, je remarque son émotion, son embarras. Je crains de lui déplaire, de la compromettre. Alors je suspens mes pas ; je la laisse fuir ; elle disparait, et puis je me reproche ma réserve, mes scrupules. Oh ! il faut absolument que je lui parle ; il faut qu'elle sache... Que diantre ! après tout, celui qui donnerait sa vie à une femme a bien le droit de lui dire : «Je vous aime.»

SCÈNE VIII.

FLORA, LE CHEVALIER.

FLORA, sans voir le chevalier.
Où donc ai-je mis ces rubans ?

(Elle cherche sur la toilette.)

LE CHEVALIER
Ciel ! c'est elle !

FLORA.
Ah ! c'est lui !

LE CHEVALIER, voulant la retenir.
Oh ! ne me fuyez pas, mademoiselle ; il est temps que je vous dise ce que sans doute vous savez déjà, ce que...

FLORA.
Oh ! laissez-moi, monsieur, laissez-moi ! (Elle rentre très émue chez la marquise.) Ah !

LE CHEVALIER, à la porte par où Flora est rentrée.
Oh ! je vous en supplie.

(Il tombe à genoux les mains jointes. Le marquis et le financier sont entrés juste au moment où Flora tournait le dos au chevalier pour entrer chez la marquise.)

SCÈNE IX.

LE CHEVALIER, LE MARQUIS, LE FINANCIER.

LE MARQUIS, riant.
Ah! ah! ah!

LE FINANCIER, de même.
Ah! ah! ah!

(Le chevalier se relève tout décontenancé.)

LE CHEVALIER.
Bonjour, cousin.

LE MARQUIS, riant de plus belle.
Ah! ah! ah! Ne vous dérangez pas! continuez votre prière.

LE FINANCIER.
Se mettre en frais de génuflexion...

LE MARQUIS.
Pour la nouvelle femme de chambre de la marquise!

LE CHEVALIER, à part, étonné.
Une femme de chambre!

LE FINANCIER, au marquis.
Est-elle jolie au moins?

LE MARQUIS.
Je l'ignore. Elle n'est ici que de ce matin, et lorsque nous sommes arrivés, c'est à une madone retournée que le chevalier adressait ses hommages.

LE CHEVALIER, emporté.
Messieurs!

LE FINANCIER.
Oh! le voilà bien! Timide avec les femmes, intrépide avec les hommes.

LE CHEVALIER, de même.
Eh bien! alors...

LE MARQUIS.
N'allez-vous pas encore prendre la mouche et faudrait-il nous battre une seconde fois?

LE CHEVALIER.
La première, vous aviez tort.

SCÈNE X.

LE CHEVALIER, LE MARQUIS, LE FINANCIER, LOUISILLE.

LE MARQUIS.
Tort? Tenez, voici ce drôle de notre ami Louisille.

LOUISILLE.
Vous êtes bien bon, monsieur le marquis.

LE MARQUIS.
C'est un expert en affaire de galanterie et d'amour. Qu'il soit notre juge.

LOUISILLE.
De quoi s'agit-il?

LE MARQUIS.
Il y a une quinzaine de cela; il était nuit; nous venions, le financier et moi, de jouer à la paume aux flambeaux. Nous avisons, à la lueur d'une lanterne, une adorable tournure de femme; nous l'atteignons.

LE FINANCIER, gaîment.
Et nous la lutinons.

LE CHEVALIER.
Deux hommes contre une femme!

LOUISILLE, appuyant.
Pour une femme!

LE MARQUIS.
Le chevalier survient, et, sans connaître la donzelle qui cachait son visage dans sa mantille, il nous prie, puis il nous somme de nous retirer.

LE FINANCIER.
Nous nous obstinons; il nous insulte.

LE MARQUIS.
Nous renonçons à la belle, et, sans aller plus loin, nous dégaînons.

LE FINANCIER.
Je me mets le premier en garde contre le chevalier, moi qui sais à peine manier le fer.

LOUISILLE, souriant.
L'or, c'est différent.

LE MARQUIS.
Le financier est blessé au ventre.

LOUISILLE, désignant le ventre du financier.
Vu la superficie, ce devait être là.

LE MARQUIS.
Je prends sa place, et je fais à ce cher cousin la plus profonde blessure... J'ai cru qu'il n'en reviendrait pas. Aussi, après la crise, nous avons juré tous les trois de ne plus nous battre pour affaires pareilles.

(Ils se donnent la main.)

LE CHEVALIER.
Oui, je l'ai juré.

LE FINANCIER, à Louisille.
Mais qui avait tort? voyons.

LOUISILLE.
Vous avez eu tort tous les trois.

LE MARQUIS.
Tous les trois! Comment?

LOUISILLE.
Parce qu'aucun de vous n'a eu la donzelle.

LE MARQUIS.
Il a raison. (au chevalier.) Que diantre! Ceci, cher cousin, est une affaire d'opinion touchant les femmes. Vous les aimez, vous, chevaleresquement!

LOUISILLE.
Et vous deux, cavalièrement.

LE FINANCIER.
Reste à savoir ce qui vaut mieux pour leur plaire.

LE CHEVALIER.
Ah! vous ne comprenez pas l'amour; vous jouez de sang-froid avec ce qu'il y a de plus sublime sur la terre.

LE MARQUIS.
Eh bien! parlons-en sérieusement; reprenons

le débat élevé hier entre nous trois; mons Louisille jugera.

LOUISILLE.
Le fait est que je connais les femmes comme si j'avais créé la première.

LE MARQUIS, appuyant.
Moi, je prétends que le moyen le plus sûr de les conquérir, c'est la rouerie, la ruse, l'esprit.

LE FINANCIER, appuyant.
Moi, l'or.

LE CHEVALIER, de même.
Moi, le cœur.

LE MARQUIS, à Louisille.
Quel est, à ton avis, celui de nous qui a raison?

LOUISILLE, après réflexion.
Tous les trois.

LES TROIS AUTRES.
Comment!

LOUISILLE, articulant bien jusqu'à la fin de la scène.
Il y a chez les hommes trois espèces d'amour principales auxquelles se rapportent toutes les autres espèces : l'amour par vanité, l'amour par libertinage, l'amour par passion. La vanité vole; le libertinage achète, la passion mérite.

LE FINANCIER.
Oui; mais la question est de savoir quel est celui de ces trois amours qui réussit le mieux.

LOUISILLE, après réflexion.
Tous les trois réussissent au mieux; cela dépend des femmes.

LE CHEVALIER, chaleureusement.
Ah! c'est les outrager, les méconnaître. Moi je suis sûr qu'il n'y a que les hommes de cœur qui soient dignes de leur plaire. Oui, je soutiens, messieurs, que, lorsqu'une femme succombe, c'est qu'elle est aimée ou qu'elle croit l'être, ce qui revient au même pour son excuse.

LE MARQUIS, au financier.
Laissez donc!

LE FINANCIER, à Louisille.
Laissez donc!

LOUISILLE, à lui-même.
Laissez donc!

LE CHEVALIER.
Votre esprit est subtil, marquis; votre langue est dorée!

LE MARQUIS, avec fatuité.
Merci du brevet!

LE CHEVALIER.
Vous êtes immensément riche, monsieur Mexicard!

LE FINANCIER.
Vous blessez ma modestie.

LE CHEVALIER.
Vous êtes bel homme, Louisille!

LOUISILLE, s'inclinant.
Vous me feriez rougir... si j'en étais capable.

LE CHEVALIER.
Eh bien! je crois, messieurs, qu'une passion vraie est plus puissante sur le cœur des femmes que l'or, que l'esprit, que la beauté. Je puis vous citer des exemples...

LOUISILLE.
Tout le monde peut en citer. Le plus ancien de tous, c'est celui du serpent qui séduisit Eve par son beau langage et ses façons tortueuses. C'était un roué... comme monsieur le marquis.

LE MARQUIS.
Vous l'entendez?

LOUISILLE.
On peut citer, en faveur de monsieur le chevalier, le simple musicien Rizzio, qui l'emporta sur les plus brillants rivaux dans le cœur de Marie Stuart.

LE CHEVALIER.
Il n'avait pas de rang, pas de fortune. Il aimait; il fut aimé. Vous voyez bien!

LOUISILLE.
Quant à monsieur le financier, il peut invoquer, à l'appui de sa thèse, ce petit dialogue entre Marie de Médicis et Mazarin : (Il imite l'accent italien du cardinal.) « Si on offrait cent mille livres à Votre Majesté pour tousser son cœur? — Ah ! fi donc! — Deux cent mille? — Taisez-vous. — Quatre cent mille?— Allons donc!— Un million? — Rien. — Deux millions? — Pas davantage. — Quatre millions? — Ah! cardinal, vous m'en direz tant! » répondit enfin la reine.

LE FINANCIER.
C'est clair.

LOUISILLE.
Le tout est de pouvoir martingaler un certain nombre de fois.

LE FINANCIER.
Je connaissais cette anecdote; mais ce qui n'est pas chiffre, moi, je l'oublie. Tout est en chiffres dans ma tête.

LOUISILLE, à part.
Oui, l'esprit y est sous forme de zéro.

LE MARQUIS.
Ah! çà, mais, Louisille, tu nous donnes raison à tous les trois. La question reste toujours la même.

LOUISILLE.
Voulez-vous faire une expérience et vous en rapporter au résultat?

LES TROIS AUTRES.
Quoi?

LOUISILLE.
Adressez vos hommages à la même femme.

LE MARQUIS.
Bravo!

LE FINANCIER.
Bien trouvé!

LOUISILLE.
Monsieur le marquis avec son esprit, monsieur le financier avec son or, monsieur le chevalier avec son cœur.

LE MARQUIS.
C'est dit.

LE FINANCIER.
C'est convenu.

ACTE I, SCÈNE X.

LE CHEVALIER.
Je refuse, messieurs. On ne donne pas son cœur comme on étale son esprit, comme on prodigue son or.

LE FINANCIER.
Laissez donc! laissez donc!

LE MARQUIS.
Il accepte!
(Le chevalier regarde du côté où Flora est entrée.)

LE FINANCIER.
Eh bien! toi, Louisille, qui coiffes beaucoup de grandes dames...

LOUISILLE.
Je coiffe les deux sexes.

LE MARQUIS.
Propose-nous quelques beautés disponibles qui soient libres de tout engagement, tu sais? de ces femmes dans un état de transition, qui viennent de quitter un amant et qui en cherchent un autre.

LOUISILLE, souriant.
C'est difficile; les grandes dames se remplacent si vite! Et puis je craindrais que si vous vous adressiez à une femme de cette classe, elle ne se laissât séduire simultanément par l'esprit, par l'or et par le cœur. La marquise de Balaru, par exemple, qui a fait tant d'avanies à son mari que son nom est devenu emblématique, si bien qu'on ne se sert plus du mot cru de Molière, et que pour dire un mari trompé on dit un Balaru.

LE MARQUIS, riant.
C'est vrai, Balaru!

LE FINANCIER, riant.
Balaru!

LOUISILLE.
Eh bien! si vous vous adressiez tous trois à la marquise de Balaru, la question serait toujours indécise.

LE FINANCIER.
Comment savoir alors?

LOUISILLE, passant entre le marquis et le financier.
J'y suis; j'ai votre affaire. Ce n'est pas une grande dame qu'il vous faut; c'est une femme du peuple.

LE MARQUIS.
Il a, pardieu! raison.

LOUISILLE, faisant de la poésie.
J'en connais une, nommée Maria, jeune et jolie fille, vivant au milieu des fleurs, qui elle-même est une fleur suave et odorante qu'aucun papillon encore n'a, je crois, effleuré de son aile!

LE FINANCIER, étonné.
Où ça?

LOUISILLE, au financier.
En Europe!.. (au marquis.) En France!... (au financier.) A Paris!... (au marquis.) Marché des Innocents; une fleuriste qui devait se marier il y a quelques jours.

LE MARQUIS.
Voilà qui est arrêté... Partons à l'instant même.
(Il remonte la scène.)

LE FINANCIER.
Et tu seras l'agent fidèle et le juge impartial de nos trois amours.

LOUISILLE, à part, désignant successivement le chevalier, le marquis et le financier.
Amour honnête, amour de tête, amour de bête.

LE MARQUIS.
Allons, chevalier, mettons-nous en campagne.
(Le marquis et le financier montent la scène.)

LE CHEVALIER, sortant de sa rêverie.
Non, laissez-moi.

LE FINANCIER.
Il viendra.

LE MARQUIS, redescendant.
Ah! diantre! j'oubliais! une chose importante!...

LOUISILLE.
Qu'est-ce que c'est?

LE MARQUIS.
Convenons entre nous que si cette fleuriste a un mari...

LOUISILLE.
Cela va tout seul : à la Bastille, c'est l'usage.

LE FINANCIER.
Justement le chevalier a une lettre de cachet en blanc qu'il a gagnée hier à monsieur de Lanjeunais.

LOUISILLE.
C'est vrai; monsieur de Lanjeunais, ayant tout perdu, a joué son habit et ce qu'il y avait dans les poches.

LE MARQUIS.
Messieurs, je suis à vous; j'ai oublié d'embrasser ma femme.

LE FINANCIER.
Tiens! moi aussi.

LE MARQUIS.
Et c'est un devoir à remplir, la veille d'une infidélité.

LOUISILLE.
Oui, de crainte de ne pas pouvoir l'oser le lendemain.

LE MARQUIS, à la porte qui conduit chez la marquise*.
Ciel!

LE FINANCIER.
Quoi donc?

LOUISILLE, avec un peu d'émoi.
Eh!

LE MARQUIS.
Nous nous étions trompés! Cette jeune fille n'est pas la femme de chambre, c'est la lingère de la marquise. Oh! jolie! mais jolie!

LE FINANCIER.
Ravissante!

LOUISILLE, à part, troublé.
Ma femme!

---
* Le marquis, le financier, le chevalier, Louisille.

LE CHEVALIER, à part.
Celle que j'aime!

LE MARQUIS, redescendant avec le financier.
Dites donc? une idée!

LOUISILLE, à part.
J'ai le frisson!

LE MARQUIS.
Sommes-nous sûrs que la femme que nous propose Louisille soit aussi bien?

LOUISILLE, désignant la porte de la marquise.
Ça? ce n'est rien à côté de ma fleuriste.

LE MARQUIS.
Nous ne l'avons pas vue, tandis que celle-ci... c'est ce qu'il nous faut.

LE CHEVALIER, très agité.
Non, messieurs, non, allons à la fleuriste.

LOUISILLE.
Oui, oui, partons.

LE MARQUIS.
Du tout... et si le chevalier ne veut pas en être, ce sera entre le financier et moi.

LE FINANCIER.
Taupe!

LE CHEVALIER, à part.
Malédiction! leur laisser le champ libre! Non, je la préserverai... (haut.) J'en suis.

LOUISILLE, à part.
Tout le monde en est, excepté moi, et je ne puis faire valoir mon titre!

LE MARQUIS.
N'oublions pas surtout l'avis de notre Crispin : s'il y a un mari, à la Bastille!

LE FINANCIER, plus haut.
A la Bastille!

LE CHEVALIER.
A la Bastille!

LOUISILLE, avec contrainte.
Oui, oui, à la Bast... Après ça, est-il bien nécessaire...

LE MARQUIS.
Silence! voici nos chastes moitiés!

SCÈNE XI.

LA MARQUISE, FLORA, LA FINANCIÈRE, LE CHEVALIER, LE MARQUIS, LE FINANCIER, LOUISILLE.

(A la venue des dames, les hommes saluent.)

LA MARQUISE, à Flora.
C'est bien, je suis fort satisfaite. Désormais je n'emploierai que vous.

(Ici Louisille s'achemine doucement et va se placer à la droite de la marquise.)

LA FINANCIÈRE, à Flora.
Laisse-nous de tes adresses, mon enfant; nous te ferons des clientes. Dit-on clientes ou pratiques?

LE FINANCIER.
Est-ce que je sais?

LA FINANCIÈRE.
Aussi n'est-ce pas à vous, pataud, que je m'adresse.

FLORA, donnant des adresses à la financière et à la marquise.
Voici, mesdames... (saluant.) Messieurs...
(Elle sort par le fond. La marquise dépose les adresses sur sa toilette.)

LE MARQUIS, au chevalier et au financier, bas.
Chez elle, tous trois, demain.

LOUISILLE, à part.
Mon esprit se pétrifie.
(Le chevalier remonte jusqu'à la porte du fond et regarde sortir Flora qu'il suit des yeux. Louisille arrive près de la toilette.)

LE MARQUIS, baisant la main de la marquise et prenant furtivement des adresses sur la toilette.
Chère amie!

LE FINANCIER, baisant la main de la financière.
Mon cœur!
(Tandis que le marquis et le financier baisent la main de leurs femmes, la marquise et la financière jettent un regard au chevalier qui suit de l'œil Flora sortie par la galerie du fond.)

LA MARQUISE, à part.
Qu'il est bien!

LA FINANCIÈRE, à part.
Quel joli morveux!
(Le marquis et le financier remontent un peu.)

LOUISILLE, passant entre la marquise et la financière, bas.
Surveillez vos maris, ils sont amoureux de Flora.

LES DEUX FEMMES.
Ah!

LOUISILLE, à part.
Alerte, Louisille, ou tu es Balaru!
(Il passe à l'extrémité de la scène à droite.)

ENSEMBLE.

LE MARQUIS, LE FINANCIER, à part.

Air de *Fra Diavolo*.

Oui, demain je serai chez elle;
Je lui ferai subir ma loi;
Elle est aimable, jeune et belle,
Et tout me dit qu'elle est à moi.

LE CHEVALIER, à part.
Oui, demain je serai chez elle
Pour lui faire accepter ma foi.
Elle est si noble, elle est si belle!
La protéger sera ma loi.

LOUISILLE, à part.
La situation est nouvelle
Et me remplit le cœur d'effroi;
Pour que Flora me soit fidèle,
La protéger sera ma loi.

LA MARQUISE, LA FINANCIÈRE, à part.
O ciel! quelle étrange nouvelle!
Près d'une femme comme moi,
Le marquis
Mon mari serait infidèle!
Il le paiera cher, sur ma foi!

ACTE DEUXIÈME.

Arrière-boutique de lingère du temps. Lambris en bois de chêne coupés par des cadres en tapisserie; porte au fond avec portière; à la droite et à la gauche de cette porte, deux armoires. Lorsque la portière est retirée, on voit la boutique et des colifichets au vitrage. La porte de la boutique donnant sur une rue, est censée être à droite.

Sur le premier plan à droite, latéralement, une porte conduisant à un cabinet de déshabille; sur le second plan, porte conduisant dans les ateliers. Sur le premier plan, à gauche, latéralement, porte ouvrant sur une rue; au second plan, porte de la chambre de Flora. Une petite table à droite, entre les deux portes latérales.

SCÈNE I.

UNE OUVRIÈRE, maniant des étoffes sur la petite table.

Elle regarde dans la boutique, au fond, et dit :

Je ne la vois pas venir de ce côté. (regardant à la porte de la rue à gauche, latéralement.) Peut-être aura-t-elle pris l'autre rue... Ah! la voici.

(Flora entre par cette porte latérale de gauche.)

SCÈNE II.

FLORA, L'OUVRIÈRE.

FLORA, à part.

Oh! que j'ai eu peur! (haut.) Allez, mademoiselle, rentrez, laissez-moi. (L'ouvrière sort par la première porte latérale de droite.)

FLORA, seule.

J'ai rencontré dans la rue des groupes où l'on parlait du comte de Mezac; j'ai cru même entendre qu'on parlait de moi! Mais non, je me serai abusée sans doute; rassurons-nous. Écoutons cette voix secrète qui me dit toujours : Espérance et courage! Je serai prudente d'ailleurs. Je ne sortirai plus aussi souvent; surtout je n'irai plus chez la marquise de Marcuil. J'ai tant de bonheur à voir ce jeune homme que je craindrais de l'y trouver encore.

SCÈNE III.

LOUISILLE, arrivant par le fond, FLORA.

LOUISILLE, accourant.

Flora!

FLORA, effrayée.

Ah! mon Dieu! c'est vous?... Vous m'avez fait une frayeur...

LOUISILLE.

Il n'y a pas de mal, au contraire... c'est l'objet de ma visite.

FLORA.

Que voulez-vous dire?

LOUISILLE.

Il faut qu'à l'instant même vous changiez de logement.

FLORA, vivement.

Est-ce que la police aurait découvert...

LOUISILLE.

Non, mais un autre danger...

FLORA, à elle-même, gémissant

Un danger!... Encore quelqu'un qui me hait sans me connaître.

LOUISILLE.

Du tout; ce sont quelques-uns qui vous aiment parce qu'ils vous connaissent.

FLORA.

Expliquez-vous.

LOUISILLE.

L'imprudence que vous avez commise ce matin en allant chez la marquise de Marcuil porte ses fruits. Le marquis, le financier, le chevalier vous aiment; ils doivent venir ici dès demain, et vous poursuivre sans relâche de leur amour. C'est convenu, c'est un complot.

FLORA.

Est-il possible?

LOUISILLE.

Vous êtes mon bien, Flora, mon bien... en perspective seulement, il est vrai; mais enfin j'ai des espérances... Si un mari n'en avait pas, il faudrait douter de tout, et, à ce titre, je ne dois pas souffrir...

FLORA.

Quoi! tous les trois de concert... (à elle-même, avec douleur.) Lui aussi... Ah! c'est affreux!

LOUISILLE, vivement.

Comment! lui aussi? Lequel?

FLORA.

Rien, monsieur, rien.

LOUISILLE.

Rien? (à part.) Alors, il y a quelque chose! L'usufruitier inconnu que j'avais flairé... (haut.) Madame...

FLORA, après avoir rêvé durant l'aparté de Louisille.

Oui, oui, vous avez raison; il faut quitter ce logement aujourd'hui même, d'autant plus que, d'un moment à l'autre, d'après quelques bruits que j'ai entendus, on peut découvrir qui je suis, m'arrêter, et...

LOUISILLE.
Oui, la prison.

FLORA.
Allez prévenir des porteurs ; ils enlèveront d'abord les principaux meubles. Cela suffira pour le moment.

LOUISILLE.
Les porteurs sont prévenus ; et bientôt j'irai arrêter un petit logement à l'extrémité de la ville, près de la retraite mystérieuse du comte de Mezac.

FLORA.
C'est bien ; moi, je vais faire quelques apprêts.

LOUISILLE.
Oui, oui, allez, et du sang-froid, de la confiance. Vous le voyez, chère et douce amie, je cours, je vais, je viens, je veille sur vous. Aimez-moi donc un peu ; que diable ! un peu ce n'est pas trop.

FLORA.
Ah ! monsieur Louisille, monsieur Louisille, je sens que j'aurais besoin de vous aimer... (à part.) pour ne pas aimer l'autre.

LOUISILLE.
Eh bien ! aimez-moi ; cédez à ce noble sentiment.

FLORA.
Ah ! que n'êtes-vous un brave homme ! je vous aimerais peut-être déjà.

LOUISILLE.
Un brave homme ; mais je le suis quelque peu, je vous jure... de temps en temps, et je le deviendrai encore plus ; oui, je le promets, je le serai tout-à-fait, d'ici à ce soir... (souriant.) Mais, à votre tour, promettez-moi que ce soir enfin...

FLORA.
Oh ! non, non, monsieur ; il vous faut plus d'un jour pour changer ; il y a si longtemps que vous avez d'autres habitudes !

(Elle entre dans le cabinet à droite.)

SCÈNE IV.

LOUISILLE, seul.

Comme cela est gai de croquer ainsi le marmot ! Voilà une de ces femmes qui justifient les maris d'avoir une maîtresse ; elle rendra compte au ciel de mes débordements... Mais voyons ce qu'il faut emporter. Oh ! mon Dieu ! juste le nécessaire : ces deux armoires, quelques chaises, une table et son petit lit...

LA FINANCIÈRE, dans la coulisse à gauche.
Allez toujours, porteurs, allez toujours.

(La financière entre par la gauche, dans une chaise ; la marquise par le fond, dans une chaise aussi.

Après que la marquise et la financière sont sorties de leurs chaises, les porteurs les remportent.)

LOUISILLE.
La financière et la marquise !

SCÈNE V.

LA FINANCIÈRE, LOUISILLE, LA MARQUISE.

(Elles sont en costume de ville ; elles portent un loup à la main et une mantille sur les épaules.)

LA FINANCIÈRE.
Les imbéciles qui voulaient me faire descendre dans cette rue boueuse pour gâter ma jolie chaussure. Ces gens-là mériteraient de brouter et de marcher à quatre pieds. Allez, bipèdes indignes, et revenez dans une heure. (Les chaises sortent, l'une par le fond, l'autre par la gauche.) Je n'aime pas à sortir le vendredi ; c'est mauvaise marque. Dit-on mauvaise marque ou mauvais signe ?

LOUISILLE.
C'est égal.

LA FINANCIÈRE.
Dit-on c'est égal ou c'est indifférent ?

LOUISILLE.
Je le présume.

LA FINANCIÈRE.
Tu n'es pas fort.

LA MARQUISE.
Eh bien ! monsieur Louisille, nos maris sont-ils venus ?

LOUISILLE.
C'est demain seulement qu'ils se mettent en campagne. Du reste, dans votre intérêt, dans votre intérêt seul, mesdames, j'ai prévenu ma f... j'ai prévenu, ma foi ! cette jeune fille du danger qu'elle courait de la part de ces messieurs ; elle va, aujourd'hui même, changer de logement.

LA FINANCIÈRE.
Quelle vertu elle vous a, cette petite ! Je l'approuve, c'est bien ; elle fait honneur à mon sexe. Il en faut quelques-unes comme ça.

LOUISILLE, à demi-voix.
Oui, pour faire contraste avec...

LA FINANCIÈRE, levant la main.
Si tu achèves ta sottise, j'achève mon geste.

LOUISILLE.
Retenez votre bras, je retiens ma langue.

LA MARQUISE.
Puisque cette jeune fille va changer de quartier, j'ai hâte de prendre mesure d'une robe.

LA FINANCIÈRE.
Moi aussi, tiens ! Mon mari est une bonne vache à lait ; j'en ferai faire deux.

LA MARQUISE.
Allons choisir l'étoffe.

(Elle désigne la porte latérale du second plan à droite et sort par là.)

LA FINANCIÈRE, à Louisille.
Préviens Flora que nous l'attendons... Ah! monsieur Mexicard, monsieur Mexicard! j'ai bien envie de lui arracher les yeux; mais il les a si laids que ce serait lui rendre service.
LOUISILLE, avec malice.
Il ne vous verrait plus, madame.
LA FINANCIÈRE, fâchée, très haut.
Merlan!
LOUISILLE, galamment.
Et il serait trop puni.
LA FINANCIÈRE, lui souriant.
Cette créature-là est enivrante, quand elle veut. Prononce-t-on énivrante ou anivrante?
LOUISILLE.
Oui, madame.
LA FINANCIÈRE.
Du reste c'est un mot que j'aime, de quelque façon qu'on le prononce, à cause du sentiment qu'il exprime... Adieu, merlan.
(Elle joint la marquise.)

SCÈNE VI.

LOUISILLE, puis UNE OUVRIÈRE, puis FLORA.

LOUISILLE, à la porte de droite, premier plan.
Dites à mademoiselle Flora que madame la marquise de Mareuil et madame Mexicard l'attendent pour choisir des étoffes.
L'OUVRIÈRE.
C'est moi que ce soin regarde. Mademoiselle est occupée; du reste la voici.
(Elle entre dans le cabinet de droite où sont la marquise et la financière.)
FLORA, arrivant avec un carton.
Tandis que j'arrangerai ce carton, allez là, faire ma malle; dépêchez.
LOUISILLE.
J'y vais. Dans une heure vous serez loin d'ici, et nos galants demain arriveront trop tard.
(Il entre à droite, premier plan.)
FLORA, seule.
Oui, dans une heure je serai près du comte de Mezac. Pauvre comte! et n'avoir ni or ni crédit pour faire reconnaître son innocence. Ma présence du moins le consolera.

SCÈNE VII.

LE MARQUIS, FLORA.

LE MARQUIS, entrant par la porte de la rue à gauche, à part.
J'ai un jour d'avance sur les autres. Elle est seule.
FLORA, poussant un cri.
Oh!
LE MARQUIS, fat et léger, toute la scène.
Bonjour, ma belle enfant.
FLORA.
Monsieur le marquis, votre servante.
LE MARQUIS.
Comment faut-il que j'interprète ce cri que vous avez poussé à ma vue? Est-ce de l'étonnement, de la contrariété ou du plaisir?
FLORA.
Monsieur le marquis est venu pour prendre chez moi quelques objets de toilette. Si c'est là le motif...
LE MARQUIS, mystérieux.
C'est le prétexte.
FLORA.
Que me veut donc monsieur le marquis?
LE MARQUIS, souriant.
Beaucoup de bien, on ne peut pas plus de bien.
FLORA.
Pardon, je me retire. Je craindrais de ne pas être reconnaissante au gré de monsieur le marquis.
LE MARQUIS.
Non, c'est moi qui me propose d'être reconnaissant.
FLORA fait un mouvement pour se retirer.
Oh! c'est bien pis encore, et je vais...
LE MARQUIS, la retenant.
Non, arrêtez... écoutez-moi.
FLORA.
Que pourrais-je faire pour vous, moi? je n'ai rien.
LE MARQUIS, galant.
Rien? Vous ressemblez au riche avare, Flora, avec cette différence qu'à moins de porter un masque, vous ne pouvez pas comme lui cacher tous vos trésors.
FLORA.
Je ne suis qu'une fille obscure, une pauvre lingère.
LE MARQUIS, mystérieux et confidentiel.
Et si j'étais venu pour dissiper cette obscurité et pour mettre la fortune à la place d'un état médiocre?
FLORA.
Je veux toujours garder le mien, je veux rester lingère.
LE MARQUIS.
A la bonne heure. Mais, dites-moi, ne vous plairait-il pas d'être lingère de la cour?
FLORA, vivement.
De la cour?
LE MARQUIS, à part.
Elle est ambitieuse! (haut.) Position charmante, qui donne du crédit.
FLORA, vivement.
Du crédit! (à part.) Oh! du crédit! Si j'en avais, je le sauverais peut-être! (haut.) Vraiment, monsieur le marquis, la lingère de la cour a du crédit?

LE MARQUIS, à part.

Je tiens son faible. (haut.) Si elle en a! Mais songez donc, Flora, que c'est une providence pour les grandes dames : faire ressortir leurs grâces et dissimuler leurs disgrâces, indiquer la couleur de l'étoffe qui jette sur le teint un séduisant éclat; mais, pour certaines femmes, tout est là; il dépend de la lingère que les amants viennent ou s'enfuient.

FLORA.

Oh! mais moi prétendre à une position si belle! Je ne connais personne.

LE MARQUIS, se dessinant avec fatuité.

Regardez-moi, Flora. N'ai-je pas un peu l'air d'être quelqu'un ?

FLORA.

Assurément; mais une si grande distance nous sépare!

LE MARQUIS.

Il est si facile de la faire disparaître. Asseyons-nous l'un près de l'autre.

(Il va prendre un siége à l'extrémité de gauche.)

FLORA, à part, allant prendre un siége à l'extrémité de droite.

Du crédit! à la cour! des protecteurs pour le comte de Mezac!... Et puis Louisille se trompe peut-être... Il se peut que monsieur le marquis n'ait que de bonnes intentions... Il paraît si aimable!

LE MARQUIS, tenant un siége et faisant signe à Flora de s'avancer.

Causons ensemble.

FLORA, à part, restant à l'extrémité.

Oh! malgré moi j'espère.

LE MARQUIS.

Vous vous plaignez de la distance qui nous sépare, et vous restez là-bas. Ne ferez-vous pas la moitié du chemin?

FLORA, approchant un peu sa chaise.

Monsieur le marquis...

LE MARQUIS, à part.

Elle en a fait le quart... C'est déjà quelque chose d'obtenir d'une femme la moitié de ce qu'on lui demande, lors même qu'on ne lui demande que la moitié d'une chose. (haut.) Voulez-vous, belle Flora, que la distance disparaisse tout-à-fait ?

(Il s'est approché.)

FLORA.

Eh bien?

LE MARQUIS s'assied.

Donnez-moi votre main.

FLORA s'assied.

Oh!

LE MARQUIS.

Pourquoi me la refuser ?

FLORA.

C'est que j'ignore pour quel motif vous vous intéressez à moi.

LE MARQUIS, jouant la passion.

Vous êtes si belle !

FLORA, s'éloignant.

Si c'est pour cela...

LE MARQUIS, vivement.

Je voulais dire, si bonne! La langue m'a tourné; je suis sujet à ces petits accidents... (Flora se rapproche.) surtout en présence d'une personne charmante dont les yeux...

FLORA.

La langue vous tourne encore, monsieur le marquis.

(Elle recule.)

LE MARQUIS se rapproche.

Qu'est-ce que je vous disais ?

FLORA.

Mais revenons au crédit que peut avoir la lingère de la cour.

LE MARQUIS.

Crédit immense!... Elle devient l'enfant gâté de la favorite, et le régent donne tout à la favorite (souriant.), qui réciproquement ne lui refuse rien.

FLORA.

Tout ?

LE MARQUIS.

Son or, sa puissance.

FLORA, vivement.

Même son droit de grâce?

LE MARQUIS.

Assurément.

FLORA, se rapprochant.

Il serait possible!

LE MARQUIS, lui prenant la main.

Mais comment voulez-vous qu'on refuse quelque chose à la femme qu'on aime...

FLORA.

Oh! oui.

LE MARQUIS, continuant et appuyant.

Et dont on est aimé; car voilà le principal.

FLORA, retirant sa main.

Mais la vertu, monsieur le marquis?

LE MARQUIS, badin.

La vertu de la cour est une chose aisée... on l'a mise à la portée de toutes les faiblesses, pour qu'il fût possible de la pratiquer. Ainsi voilà qui est dit : vous serez lingère de la cour; mais il vous faut une éducation préalable et je m'en charge.

FLORA.

Une éducation ?

LE MARQUIS, légèrement.

Oui, il s'agit seulement de mettre en ordre la gentillesse, la grâce, l'esprit que la nature vous a prodigués; c'est ce qu'on appelle l'usage du beau monde.

FLORA.

Mais le beau monde, j'y suis tout-à-fait étrangère.

LE MARQUIS.

C'est pour cela que vous avez besoin de quelques leçons, (souriant.) de quelques leçons par-

ticulières; je vous les donnerai. Je serai votre maître; je puis même commencer dès à présent.
(Il veut lui prendre la taille.)
FLORA.
Monsieur le marquis, laissez-moi.
LE MARQUIS.
Et à mesure que vous conviendrez vous-même de vos progrès, vous jugerez du degré de vivacité que vous devrez donner à votre gratitude. Pour aujourd'hui, en guise de cachet, je ne vous demande qu'un baiser sur votre jolie main.
FLORA.
Oh! non, je ne puis.
(Elle s'éloigne.)
LE MARQUIS.
Et en échange, je vous offrirai le portrait de votre protecteur.
(Il tire un portrait de sa poche.)
FLORA.
Votre portrait?
LE MARQUIS, s'avançant.
Si vous l'acceptez, ce sera me dire que vous ne serez point ingrate, et dès aujourd'hui je parlerai de vous à la cour.

SCÈNE VIII.

LE MARQUIS, FLORA, LE FINANCIER, LOUISILLE.

(Le financier vient par le fond.)
FLORA, poussant un cri à l'aspect de Mexicard.
Ah!
LOUISILLE, à part.
En voilà deux!
(Il entre dans le cabinet de droite, second plan.)
LE MARQUIS, d'un air moqueur.
Vous lui avez fait peur, mon cher Mexicard. Que diable! quand on est bâti comme vous, on se fait annoncer, on prépare les gens, on leur crie : Gare!
LE FINANCIER.
Je vous dérange, marquis. Vous parliez d'amour à la belle lingère?
LE MARQUIS.
Du tout; je lui offrais mon crédit à la cour.
(Louisille reparaît, et fait des signes au cabinet d'où il sort.)
LE FINANCIER.
Et moi qui aime à protéger la classe ouvrière, si mademoiselle Flora veut étendre son commerce, je lui offre mon appui, des billets au porteur dans ce portefeuille. Ce ne sont pas des prunes que cela, j'espère. Voilà comment je prouve mon amitié, moi!
LE MARQUIS, apercevant Louisille.
Ah! te voilà, Louisille? (Louisille se place entre le marquis et Flora.) Je disais à Flora que j'ai beaucoup d'influence sur la favorite. A ma demande elle a obtenu une fois la grâce de deux hommes qu'on allait pendre.
FLORA, vivement.
S'il était vrai!
LE MARQUIS, bas à Louisille.
Dis-lui que c'est vrai.
LOUISILLE, bas, au marquis.
Oui. (bas à Flora.) C'est faux.
(Il passe entre Flora et le financier.)
LE FINANCIER.
Avec de l'or on obtient tout, et moi, l'or, je le prodigue, je le jette par les fenêtres; ça ne me coûte rien, à moi.
LOUISILLE, à part.
Parbleu! il l'a volé.
LE FINANCIER.
La favorite n'a rien à me refuser; je lui ai prêté deux cent mille écus sans exiger de billet. Elle ferait pendre quelqu'un pour moi.
LOUISILLE.
Elle aurait plus d'avantage à vous faire pendre vous-même; cela vaudrait quittance.
FLORA.
Deux cent mille écus!... Il y a donc des gens qui ont deux cent mille écus?
LE FINANCIER.
J'ai vingt fois cette somme! (bas à Louisille.) Appuie-moi.
LOUISILLE, bas au financier.
J'y allais... (bas à Flora.) Il ment comme un marquis.
LE MARQUIS.
Ainsi, ma toute belle, quand vous voudrez mettre mon crédit à l'épreuve, comptez sur moi, et acceptez ce portrait.
LE FINANCIER.
Agréez ce portefeuille.

SCÈNE IX.

LES MÊMES, LA FINANCIÈRE, LA MARQUISE.

LOUISILLE, à part.
Les voici enfin!
(Flora va au fond arranger son carton.)
LA FINANCIÈRE, bas à la marquise.
Contraignons-nous; c'est convenu... (haut.) Que parle-t-on de portrait?
LA MARQUISE.
Et de portefeuille?
LE MARQUIS et LE FINANCIER, ensemble, à part.
Aïe, aïe, ma femme!
LE MARQUIS, bas à Louisille.
La valeur de ce riche portrait si tu me tires de là.
(Louisille prend le portrait et le met dans sa poche.)

LE FINANCIER, bas à Louisille.
La valeur de ce portefeuille si tu me sauves une algarade.
(Louisille prend le portefeuille et le met dans sa poche.)
LA FINANCIÈRE.
Eh bien! on ne répond pas! Ventre-saint-bleu! non, je veux dire : Ventre-saint-gris!
LOUISILLE, s'adressant au marquis et au financier.
Ces messieurs me permettront-ils d'être indiscret? Aussi bien, puisque ces dames ont tout entendu, on peut tout dire.
LA FINANCIÈRE.
Explique-toi sans préambule.
LOUISILLE, passant entre le financier et la financière.
Eh bien! il s'agissait entre monsieur le marquis et monsieur le financier de savoir quel est celui des deux qui aime mieux sa femme.
LA FINANCIÈRE.
C'est chercher une différence entre deux zéros.
LOUISILLE.
Monsieur le marquis disait : « C'est bientôt le fête de madame la marquise, et je lui destine un portrait enrichi de diamants.
LA MARQUISE, charmée.
Ah!
LOUISILLE.
Monsieur le financier, lui, c'était un portefeuille garni de billets au porteur.
LA FINANCIÈRE.
J'accepte avidement.
LE MARQUIS, bas à Louisille.
Eh bien! offre donc!
LE FINANCIER, bas à Louisille.
Offre donc!
LOUISILLE, bas.
Du tout, je suis payé. (haut.) Aussi ces dames recevront-elles prochainement cette preuve du munificent amour de leurs fidèles maris.
LE MARQUIS.
Puisque Louisille a tout dit, il ne nous est plus possible de cacher nos intentions.
LA FINANCIÈRE.
Voilà qui est arrêté. Nous comptons sur vous, messieurs; nous sommes affriandées. A revoir. Nous allons prendre mesure dans le cabinet de déshabillé; voici nos emplettes. (Elle montre des étoffes.) dit-on emplettes ou achats?
LE FINANCIER.
Achats.
LE MARQUIS, riant.
Emplettes.
LA FINANCIÈRE.
Voilà qui est bien clair.
LE MARQUIS, à part.
Je la reverrai.
LE FINANCIER, à part.
Je ne lui ai pas dit mon dernier mot.
ENSEMBLE.
LE MARQUIS.
Air du final du deuxième acte de Mad. d'Egmont.
A revoir, ma belle marquise.

LE FINANCIER.
Mon aimable femme, à revoir.
LE MARQUIS.
Comptez sur la chose promise.
LA FINANCIÈRE, à part.
Contraignons-nous jusqu'à ce soir.
LOUISILLE, bas à la financière.
Leurs intentions sont précises;
Ils trahissent tous leurs devoirs.
LA FINANCIÈRE, bas.
Ils méritent d'en voir de grises...
LOUISILLE, bas.
Puisqu'ils vous font des traits si noirs.

ENSEMBLE.

LE MARQUIS, à part.
En dépit de la foi promise,
Flora, je viendrai te revoir.
Pour peu que l'esprit te séduise,
Je conçois le plus doux espoir.
LE FINANCIER.
En dépit de la foi promise,
Flora, je viendrai te revoir,
Et, pour peu que l'or te séduise,
Je conçois le plus doux espoir.
LOUISILLE et LA MARQUISE, à part.
A me calmer tout m'autorise,
Et mon cœur est rempli d'espoir;
Je ne crains plus une surprise,
Car Flora part avant ce soir.
LA FINANCIÈRE, à part.
Mes intentions sont précises;
Mon mari trahit ses devoirs;
Il mérite d'en voir de grises,
Puisqu'il me fait des traits si noirs.
FLORA, à part.
A me calmer tout m'autorise,
Et mon cœur est rempli d'espoir;
Je ne crains plus une surprise;
Je dois partir avant ce soir.
(La marquise et la financière entrent dans le cabinet de déshabillé à droite, premier plan. Le marquis sort par la porte de la rue à gauche, le financier par la boutique au fond.)

SCÈNE X.

FLORA, LOUISILLE.

LOUISILLE.
Vous le voyez, Flora, je ne vous avais pas trompée. Ils ont d'odieux projets. Aussi, pas un instant à perdre; je vais presser les porteurs pour qu'ils enlèvent ces meubles. (Il désigne les deux petites armoires du fond.) Ce soir vous ne serez plus ici.

FLORA.
Oui, oui; et l'autre, le troisième? Car il y en trois, n'est-ce pas?

LOUISILLE.
Oui, trois, un nombre qu'on appelle sacré et qui l'est bien peu dans cette circonstance!

FLORA.
L'autre arrivera trop tard.

LOUISILLE, à part.
Il faut l'enlaidir en cas d'événement. (haut.) Oh! le chevalier, à vrai dire, n'est pas fort à craindre! Il a pour une autre femme une passion profonde dans le cœur.

FLORA, forcée.
Ah! tant mieux, tant mieux.

LOUISILLE.
Mais on cherche quelquefois à se distraire de la passion qui tourmente par le plaisir qui amuse.

FLORA, blessée.
Se distraire!

LOUISILLE.
Oui; on dit que l'amour vrai est une maladie et qu'on en guérit par l'amour faux. Une femme fait le mal, une autre femme en est le remède.

FLORA, très émue.
C'est bien, monsieur; allez, hâtez-vous.

LOUISILLE.
Oui, j'y vais, et vous m'aimerez, n'est-ce pas, Flora? Vous ne voudriez pas que j'allasse chercher des distractions.

FLORA, très indifférente.
Oh! mon Dieu! monsieur, cela m'est bien indifférent.

LOUISILLE.
Ah! je vous suis obligé. (à part, en sortant.) Voilà le symptôme le plus effrayant pour un mari.

(Il entre dans le cabinet à gauche.)

SCÈNE XI.

FLORA, seule.

Ce jeune homme a une passion profonde dans le cœur, et c'est près de moi qu'il chercherait à s'en distraire. Il me méprise donc comme les deux autres, lui aussi! Oh! ses regards, ses manières m'avaient donc trompée! Et j'avais confiance pourtant. Oui, il m'avait semblé voir dans ses yeux une âme noble et belle... Mais non, pas un cœur qui réponde au mien. Tous les hommes se ressemblent; ils sont tous lâches et égoïstes; oui, tous, excepté un seul que je ne connais pas, dont la nuit m'a empêchée de distinguer les traits et que je ne verrai jamais sans doute... Oh! celui-là!...

SCÈNE XII.

LE CHEVALIER, FLORA.

(Le chevalier entre par la porte de la rue à gauche.)

FLORA, très émue.
Le chevalier!

LE CHEVALIER, allant à elle.
Flora!

FLORA.
Arrêtez, monsieur; n'ajoutez pas un mot; que je vous épargne une injure inutile; je sais tout.

LE CHEVALIER.
Vous savez...

FLORA.
Oui, trois hommes se sont ligués pour outrager une femme; un de ces trois hommes, c'est vous; la femme, c'est moi.

LE CHEVALIER.
Oh! Flora, vous êtes dans l'erreur. Je ne me présente pas au même titre qu'eux, et si je suis venu, c'est pour me placer entre ces deux hommes et vous.

FLORA.
Vous, monsieur, prendre ma défense!

LE CHEVALIER.
Ce ne serait pas la première fois...

FLORA, étonnée.
Ce ne serait pas la première fois?

LE CHEVALIER, continuant.
Que j'exposerais ma vie pour vous épargner une injure.

FLORA, exaltée.
Quoi! c'est vous! c'est donc vous qui une nuit...

LE CHEVALIER, avec abandon.
Oui, Flora, c'est moi.

FLORA.
Et on m'avait dit qu'une mortelle blessure mettait en danger les jours de mon mystérieux défenseur.

LE CHEVALIER.
Il est vrai que je n'échappai à la mort que par un miracle, un miracle qui fut votre ouvrage; car lorsque mon corps froid et immobile présentait toutes les apparences d'une mort accomplie, mon âme restait courageuse en présence de votre image et l'ardent désir de vivre pour vous m'en donna la puissance. Oui, tandis que mon sang s'échappait par une large blessure, tandis que je sentais se glacer le peu qui me restait, votre image était là pour arrêter les envahissements de la mort. Flora, vous étiez comme la force d'une seconde vie qui réparait, qui remplaçait ce que je perdais de l'autre. Je n'avais plus de sang, Flora, plus de force, plus de chaleur, et vous étiez mon sang, vous étiez ma force, vous étiez ma vie. Je serais mort si je ne vous eusse point aimée. Je vous aimais, et voilà pourquoi j'existe encore!

FLORA, le regardant avec amour à travers des larmes.
Oh! mon Dieu!

LE CHEVALIER.
Oui, Flora, je vous aime, je vous aime, parce que, depuis le premier jour que je vous ai vue, il m'a semblé que vous étiez en proie à une profonde tristesse; il m'a semblé qu'un grand mal-

heur pesait sur vous, et alors, par un instinct du cœur, je me suis attaché à vos pas. Je n'ai ni brillant esprit, ni grande fortune, moi ; je n'ai que mon amour, et j'ai résolu, si le jour venait où vous eussiez besoin d'un défenseur, d'aller à vous et de vous dire : « Ma vie vous appartient. Me voici ! me voici ! »

FLORA, qui l'a contemplé dans une muette extase, lui prend les mains et lui dit avec un sentiment de tendresse et d'admiration :

C'est vous ! c'est bien vous qui avez exposé vos jours pour moi. Eh bien ! je l'avais pensé, je l'avais espéré, je l'avais désiré, afin que ma reconnaissance fût là où était déjà mon amitié.

LE CHEVALIER.

Mais je saurai tout, n'est-ce pas ? Vous aurez foi en moi ; vous me direz ce qui vous attriste ?

FLORA.

Oui, oui, à vous, je le sens, je dois tout dire, à vous qui m'avez préservé d'une insulte et qui me préserverez du désespoir. Oui, oui, un grand malheur pèse sur moi.

LE CHEVALIER.

Oh ! je vous écoute.

FLORA.

Vous avez entendu parler du comte de Mézac ?

LE CHEVALIER.

Je le connais ; il a été le bienfaiteur de mon père. Vous vous intéressez à lui ?

FLORA.

Vous savez que, pour le dépouiller, son odieuse famille l'a accusé, sur quelques apparences, de s'être mis à la tête d'une conspiration contre le régent ?

LE CHEVALIER.

Oui, il fut dépouillé de ses biens et banni par contumace. On le dit rentré secrètement en France et à Paris.

FLORA, avec précaution.

Oui, il s'y cache ; je sais où il est.

LE CHEVALIER, étonné.

Vous !

FLORA.

Oui, ce vieillard, aujourd'hui abandonné de tous, avait lui-même, il y a dix-huit ans, abandonné une fille naturelle qui a vécu, pauvre et humiliée, du travail de ses mains au fond d'une province. Cette fille...

LE CHEVALIER.

Vous la connaissez ?

FLORA.

Aussitôt qu'elle apprit la conduite de la famille de son père et l'abandon où le laissaient ses amis, elle partit seule, n'ayant d'autre ressource que son courage et son dévouement filial. Elle découvrit la retraite de son père qu'elle n'avait jamais vu ; elle se présenta à lui et lui dit : « Je ne suis point allée à vous, quand vous étiez heureux ; vous m'auriez repoussée peut-être. Aujourd'hui que tout le monde vous abandonne, que vous êtes faible, souffrant, privé de tout, me voici. »

LE CHEVALIER.

Et que lui répondit le comte ?

FLORA.

Ton nom, s'écria-t-il, ton nom ? Vous ne m'en avez pas donné, mon père, lui répondit la jeune fille ; mais la pauvre femme qui fut ma mère, et qui est morte, m'a donné celui de Flora.

LE CHEVALIER, au comble de l'étonnement.

Vous ! Est-il possible !

FLORA.

Moi, oui, moi, la fille du comte de Mézac, qui ai tout bravé pour arriver jusqu'à lui.

LE CHEVALIER.

Oh ! mais vous ne savez pas que vous pouvez être enveloppée dans la disgrâce de votre père, et que toute personne qui l'approche devient suspecte et peut être victime de la même calomnie.

FLORA, avec un sourire triste.

Si, je le sais... Mais vous, monsieur, vous que je pourrais compromettre si l'on savait ce que vous avez fait pour moi, éloignez-vous de Flora. N'est-ce point assez d'avoir une fois déjà exposé vos jours pour elle !

LE CHEVALIER, exalté.

Flora, vous êtes une noble fille, si noble que je ne vois plus que la grandeur de votre âme, et que votre beauté même disparaît. Flora, vous êtes à la veille peut-être d'un grand malheur ! Je vous offre mon nom et ma main.

FLORA.

Oh !

(Louisille paraît.)

LE CHEVALIER.

Oui, mon nom et ma main sont à vous.

SCÈNE XIII.

LE CHEVALIER, LOUISILLE, FLORA.

LOUISILLE, à part.

Il veut épouser ma femme !

FLORA, qui a essuyé ses larmes.

Oh ! vous êtes un cœur généreux ; mais je vous ai tout dit, hors une chose.

LE CHEVALIER.

Quoi !

FLORA.

Je suis mariée.

LOUISILLE, effrayé, à part.

Elle va me nommer ! et la Bastille...

LE CHEVALIER, accablé, se détournant à gauche.

Mariée !

LOUISILLE s'est avancé et a dit bas à Flora.

N'oubliez pas votre serment !

ACTE II, SCÈNE XIII.

LE CHEVALIER.

Quoi ! vous êtes... (apercevant Louisille : avec colère.) Que viens-tu faire ici ? Retire-toi.

LOUISILLE, comédien, d'un ton ému, des larmes dans la voix.

Je sais tout. Vous ne remarquez pas mon émotion ? Ce matin, ici, le hasard a fait tomber entre mes mains une lettre adressée à madame, qui m'a mis sur la voie. J'ai interrogé cette infortunée ; elle m'a tout appris. Alors, je me suis intéressé à son sort, à celui de son père et particulièrement à celui de son vertueux époux. J'en ai pleuré, j'en pleure encore, et j'ai juré de la protéger... Ah ! qu'on est malheureux d'être sensible !

LE CHEVALIER.

Louisille, puisque le hasard t'a tout appris...

LOUISILLE.

Il n'y a pas moyen que j'ignore quoi que ce soit.

LE CHEVALIER.

C'est juste ; mais s'il t'échappe la moindre indiscrétion, tu sais ! la lettre de cachet... Jure-moi que tu seras muet.

LOUISILLE.

Je le jure.

LE CHEVALIER.

Sur la tête de ton père !

LOUISILLE.

Connais pas.

LE CHEVALIER.

Enfin, sur ce que tu as de plus sacré au monde.

LOUISILLE.

Je vous le jure sur ma tête !

LE CHEVALIER.

C'est bien. (à Flora.) Continuez, Flora. (à Louisille.) Toi, vois que personne ne survienne. (à Flora.) Et votre mari, où est-il * ?

FLORA.

Loin d'ici.

LOUISILLE, à part.

Voilà un mensonge paumé !

LE CHEVALIER.

Et vous avez de l'amour pour lui ?

FLORA, vivement.

Oh ! non.

LOUISILLE, à part.

Voilà une vérité paumée aussi.

LE CHEVALIER.

Est-ce un honnête homme ?

FLORA.

Hélas !

LE CHEVALIER.

Oh ! par grâce, Flora, dites-moi tout. J'ai besoin de ne rien ignorer pour me dévouer à vous. C'est un lâche ?

* Louisille, le chevalier, Flora.

FLORA, vivement.

Un lâche ! Oh ! non, au contraire.

LOUISILLE, à part, avec épanouissement.

Ah ! à la bonne heure !

FLORA.

Il a servi, il a été soldat.

LOUISILLE, à part.

Dans Royal-Cravate.

FLORA.

Je puis tout vous dire, hormis son nom. Quand je fus arrivée à Paris, avant d'avoir trouvé mon père, je pris la résolution d'aller visiter les grands, les puissants, et, sans me faire connaître, de les engager à solliciter la réhabilitation du comte de Mézac. Mais savez-vous le marché qu'on me proposait ? le déshonneur en échange de quelques démarches.

LE CHEVALIER.

Oh !

LOUISILLE.

C'est affreux !

FLORA.

Vous comprenez mon abattement, ma désolation... Un soir, c'était l'hiver, en passant un pont, vers minuit, mourant de froid et de besoin, je tombai, je m'évanouis...

LE CHEVALIER.

Pauvre femme !

FLORA.

En ce moment, un homme vint à passer...

LOUISILLE, à part, se désignant.

Ecce homo !

FLORA.

Il me rappela à la vie, il m'interrogea. Désespérée, je lui dis tout. Cet homme, par un calcul que je ne soupçonnai pas d'abord, me proposa de l'épouser.

LOUISILLE, toujours comédien.

Brave et digne homme, va !

FLORA.

Il fit valoir à mes yeux sa position, qui lui donnait accès dans les maisons les plus puissantes.

LE CHEVALIER.

Eh bien ?

FLORA.

Eh bien ! il me sembla que Dieu m'envoyait un protecteur pour me sauver, pour sauver mon père. J'acceptai ; mais le matin même du mariage, après la cérémonie, quand il n'était plus temps de rompre, je découvris que c'était un homme sans mœurs.

LOUISILLE.

Oui, de mœurs faciles.

FLORA.

Un de ces hommes indifférents sur le choix des moyens pour se procurer de l'or.

LOUISILLE, à part.

Comme elle traite les gens d'affaires !

LE CHEVALIER.

Oh ! c'est infâme !

FLORA.

Il m'a épousée dans l'espérance que, si le comte de Mézac était reconnu innocent, il serait riche, lui, par la reconnaissance du comte ; et si ce mariage s'est fait secrètement dans un village, s'il m'a fait jurer de ne pas dire que je suis sa femme, c'est dans la prévision que le comte pourrait être condamné, et pour ne pas partager sa disgrâce.

LOUISILLE, à part.

Les femmes ont une pénétration !

LE CHEVALIER.

Et cet homme est votre mari ! Et il possède tant de vertus, tant de charmes !

LOUISILLE, à part.

Les vertus, oui ; mais les...

FLORA.

Il n'a que le titre de mon mari ; quant à mon amour, il n'y pourra prétendre qu'après avoir obtenu le rappel de mon père, pas avant.

LOUISILLE, à part.

Comme c'est gai d'entendre la chronologie de son carême !

LE CHEVALIER.

Mais que voulez-vous que puisse cet homme ? Nommez-le-moi, Flora, et son lâche calcul aura sa récompense. Je puis le faire mettre à la Bastille, et il le faut dans mes projets. Sa conduite ne mérite aucun ménagement.

LOUISILLE, s'avançant.

Au fait, point de pitié pour un pareil drôle* !

LE CHEVALIER, à Louisille.

N'est-ce pas ?

LOUISILLE.

Parbleu ! (bas à Flora.) Vous avez juré !

FLORA.

J'ai juré de me taire.

LOUISILLE.

Il est vrai que du moment que madame a juré...

LE CHEVALIER.

Mais tu n'as pas juré, toi. (Il le prend à part.) Louisille, il faut que dans vingt-quatre heures ce mari me soit connu, il faut que je l'enferme pour qu'il rompe ce mariage. Du reste, choisis : la lettre de cachet sera pour toi ou pour lui.

LOUISILLE.

Il suffit... (à part.) Je suis un homme embastillé dans tous les cas.

(On entend un tambour dans la rue, à gauche. Le tambour bat quelques coups de rappel.)

FLORA.

Qu'est-ce donc ?... Oh ! mon Dieu ! je ne sais, je tremble !... Oh ! monsieur le chevalier, allez voir.

* Le chevalier, Louisille, Flora.

LE CHEVALIER.

Oui, oui, j'y vais ; et comptez sur moi. Motus, Louisille.

(Il sort à gauche, par la rue, dont la porte reste ouverte.)

SCÈNE XIV.

LOUISILLE, FLORA, LA FINANCIÈRE, LA MARQUISE.

(La financière et la marquise sortant du cabinet de droite sans leur toquet et leur mantille.)

LA FINANCIÈRE.

Qu'y a-t-il ?... quel est ce bruit, ce tintamarre ?...Tintamarre vaut mieux.

(Le tambour bat de nouveau.)

LOUISILLE.

Écoutons !

LE CRIEUR, au dehors.

« Les habitants de Paris sont prévenus que le comte de Mézac a rompu son ban et qu'il se cache dans la capitale. Les peines les plus graves attendent les personnes qui lui donneraient un asile... »

FLORA, à part.

O mon Dieu !

LOUISILLE, bas.

Courage !

LE CRIEUR.

« Il en est de même pour ceux qui ne dénonceraient pas la retraite d'une fille naturelle du comte, dont on ignore le nom et qu'on soupçonne d'être sa complice, ainsi que son mari inconnu... »

LOUISILLE, à part.

Allons, bon ! moi aussi !

LE CRIEUR.

« Voici le signalement de la jeune femme, tel qu'on l'a pu obtenir sur quelques vagues renseignements ; quant à celui du mari, on n'a pu se le procurer... »

LOUISILLE, à part.

Je ne tiens pas à ce que le public ait mon portrait.

LE CRIEUR.

« Taille ordinaire, front ordinaire, bouche ordinaire... »

LOUISILLE, à part.

Jusqu'ici rien d'extraordinaire.

LE CRIEUR.

« Nez bien fait, teint coloré, un signe sous l'œil gauche. »

FLORA, vivement émue.

Je suis perdue !

(Elle porte la main à ce signe.)

LA MARQUISE.

Est-il possible !

ACTE II, SCÈNE XIV.

LA FINANCIÈRE.

C'est elle !

FLORA, allant à la financière.

Ah ! ne me dénoncez pas !... Mon père n'est pas coupable !

LA FINANCIÈRE, avec chaleur.

Te dénoncer, nous, ma pauvre enfant, te dénoncer, toi ! J'ai entendu raconter ton histoire sans savoir qu'elle était la tienne. Te dénoncer, pauvre chou !... Ah ! tu ne connais pas la Mexicard !

LA MARQUISE, à Flora.

Soyez sans crainte... (à la financière.) Mais hâtons-nous d'aller prendre nos mantilles.

(Elle remonte.)

LA FINANCIÈRE.

Si tu as besoin d'argent, tu me trouveras toujours, entends-tu bien ?... et mon mari aussi ; parce que moi, c'est moi, et mon mari, c'est encore moi ; tout est moi chez moi... Je suis un Louis XIV en jupon.

LA MARQUISE.

Louisille, faites avancer nos chaises... Nous nous chargeons de la retraite de Flora.

(Louisille va faire des signes au fond, puis à gauche, à la porte de la rue.)

LA FINANCIÈRE.

Nous te déroberons à la Bastille et à nos scélérats de maris.

(Elle entre avec la marquise dans le cabinet à gauche, premier plan.)

* * *

SCÈNE XV.

LOUISILLE, FLORA, puis LE MARQUIS, LE FINANCIER.

LOUISILLE.

Du courage !... revenez à vous.

FLORA, désolée.

Oh ! je voudrais être loin d'ici ; mais ce signalement donné à tous... Comment sortir ?... comment ?...

LOUISILLE, inspiré.

Bon ! une idée, une idée unique ! Unique, c'est le mot... car je n'en ai pas d'autre...

(Ici le marquis et le financier paraissent, chacun à une porte de la rue, sans se douter de la présence l'un de l'autre ; le financier au fond, le marquis à gauche.)

FLORA.

Oh ! hâtez-vous !

LOUISILLE.

Vous l'avez entendu : La financière et la marquise vous feront transporter dans un lieu sûr pour vous dérober à la poursuite de leurs maris.

LE MARQUIS, à part.

Ma femme est encore ici !

LE FINANCIER, à part.

Ma femme n'est point partie !

(Ils écoutent, sans quitter la porte entrebâillée.)

FLORA.

Où irai-je ?

LOUISILLE.

Je l'ignore ; mais comme il est essentiel qu'on ne vous voie pas et qu'on ne vous suive pas, entrez dans un de ces deux meubles... (Il désigne les armoires du fond.) Les porteurs vont venir ; je vous enfermerai, on vous emportera et personne ne se doutera de rien... Allons, voyons, vous devez être rassurée ; la marquise et la financière sont là ; elles vont venir.

LE FINANCIER, disparaissant.

Diabolo !

LE MARQUIS, de même.

Ventre-bleu !

LOUISILLE.

Je m'entendrai avec elles ; mais d'abord, de peur d'être compromis, dans le cas où la police fouillerait cette boutique, donnez-moi la clef de votre secrétaire... Je vais dans votre chambre chercher les lettres que je vous ai écrites et dans lesquelles je vous appelle ma femme... Il importe que je reste libre pour vous, pour votre père... et pour moi aussi.

FLORA.

Oui, oui, allez.

LOUISILLE, désignant les deux meubles.

Enfermez-vous là ou là. Je reviens. (à part.) Les cinq cent mille diables sont à nos trousses !

(Il entre à gauche, dans le cabinet.)

FLORA, seule, se jetant dans l'armoire de droite qu'elle ferme.

Ah ! si je tremble, ce n'est que pour mon père !

LE FINANCIER, paraissant au fond en tapinois, regarde autour de lui.

Elle est cachée dans un de ces deux meubles ; on va la transporter, mais où ? Comment le savoir ? Ma femme m'espionne, à ce qu'il paraît... Oh ! quelle inspiration ! si je me faisais transporter incognito avec Flora. (Il ouvre le meuble de gauche.) Elle est dans l'autre meuble. Cachons-nous dans celui-ci.

(Il se cache dans l'armoire.)

LOUISILLE, un paquet de lettres à la main qu'il met dans sa poche.

Voilà le paquet. Plus de danger pour moi maintenant. Les porteurs vont venir. Flora est cachée déjà... (Il ouvre l'armoire où est le financier et pousse un cri.) Oh !

LE FINANCIER, sans sortir, rapidement.

Je sais tout... Flora est dans l'autre... On me transportera avec elle... De la discrétion... Deux cents louis pour toi... Enferme-moi à clef.

LOUISILLE, l'enfermant, à part.

Si tu vas de conserve avec ma femme, toi, je veux bien être pendu! mais je ne puis plus maintenant laisser Flora... Que faire?

(Les porteurs d'une chaise arrivent dans la boutique au fond.)

LOUISILLE.

Oh! quelle idée! (Il court au cabinet de droite et dit à la marquise qui paraît.) Madame la marquise, votre chaise, votre masque et votre mantille pour sauver Flora. (La marquise lui donne son masque et sa mantille. Louisille court à l'armoire de droite; il en fait sortir Flora.) Sortez, sortez; vous ne pouvez plus rester là. (Il jette la mantille de la marquise sur les épaules de Flora, lui donne le masque, la fait entrer dans la chaise et dit aux porteurs.) Allez, allez.

(Les porteurs disparaissent à gauche dans la boutique. Louisille, apercevant le marquis qui vient par la rue à gauche, fait signe à la marquise qui rentre dans le cabinet de déshabillé.)

LE MARQUIS, qui n'a pas vu ce manége.

Silence! j'ai tout appris. Ma femme est ici; elle est jalouse; elle veut m'enlever Flora. Dans quel meuble est-elle?

LOUISILLE, désignant le meuble où est Mexicard.

Dans celui-là.

LE MARQUIS.

Je me blottis dans celui-ci.

LOUISILLE, à part.

Je m'y attendais.

LE MARQUIS.

Tu comprends! c'est ingénieux.

LOUISILLE, à part.

Il dépend de moi que ce soit bête. Et ce le sera.

LE MARQUIS, se plaçant commodément dans l'armoire de droite.

Richelieu n'a jamais mieux trouvé.

LOUISILLE, à part.

Ce n'est pas faire son éloge.

LE MARQUIS.

Enferme-moi.

LOUISILLE, l'enfermant.

Vous y voilà. (à part.) Ça va faire un singulier déménagement! (Une autre chaise paraît à la porte de gauche. Louisille va au cabinet de déshabillé et dit à la marquise.) Vous, madame la marquise, ici. (Il fait entrer la marquise dans la chaise et dit aux porteurs :) Allez.

(Les porteurs disparaissent. Le chevalier arrive du fond.)

LE CHEVALIER, vivement.

Louisille, tu as entendu le crieur, Flora court le plus grand danger.

LOUISILLE.

Nous la sauvons.

LE CHEVALIER.

Où est-elle?

LOUISILLE, désignant la chaise où est la marquise dans la rue à gauche.

Dans cette chaise.

LE CHEVALIER.

Oh! très bien! je vais la suivre de loin.

(Il sort par la gauche.)

LOUISILLE.

De plus loin que tu ne crois.

(Ici les porteurs pour les meubles paraissent au fond. Ils se mettent en mesure de disposer les deux armoires pour les emporter. La financière paraît, l'orchestre joue en sourdine jusqu'à la fin.)

SCÈNE XVI.

LOUISILLE, LA FINANCIÈRE.

LA FINANCIÈRE.

Où sont fourrés nos maris? ils étaient là.

LOUISILLE, bas.

Ils vont déménager; ils sont enfermés dans ces deux armoires.

LA FINANCIÈRE, à demi-voix.

Oh! bravo! Tu as du génie, Louisille, et j'aime le génie, moi, quand il est bien logé.

(Elle désigne la personne de Louisille.)

LOUISILLE, de même.

Trop bonne.

LA FINANCIÈRE, de même.

Embrasse-moi.

LOUISILLE, de même.

Beaucoup trop bonne!

LA FINANCIÈRE.

Ce n'est pas que je t'aime au moins! Fi donc! mais ceci est le commencement de ma vengeance.

LOUISILLE, l'embrassant sur la joue droite, à part.

Je prévois quelle sera la fin. (Il l'embrasse sur la joue gauche et dit au public.) Et je plains le vengeur.

UN DES PORTEURS, remuant une armoire.

Où faut-il porter ça?

LOUISILLE.

Barrière d'Enfer, chez le premier marchand de vin.

L'AUTRE PORTEUR.

C'est bien lourd!

LOUISILLE.

Ce sont des jambons de Bayonne.

LA FINANCIÈRE, riant.

Des jambons de maris!

(La financière tombe sur un siége, riant aux éclats et s'éventant avec un grand éventail. Louisille la regarde, en riant aussi et en ayant l'air de lui dire : Comment trouvez-vous ce tour-là. Les porteurs sont sur le point de mettre les deux armoires sur les épaules. La toile tombe sur ce tableau.)

ACTE TROISIÈME.

Salon d'été ouvert sur un jardin; ce salon est polygonal. Porte de cabinet à gauche; au-dessus, porte conduisant dans des bosquets; à droite, de même. Les deux cabinets ont une fenêtre sur la salle. Au fond, une porte derrière laquelle est tendue une banne. Des fleurs, des arbustes, des statues à l'extérieur. Les deux portes du second plan à droite et à gauche et celle du fond n'ont point de battants; elles ont des bannes par-derrière.

SCÈNE I.

LA MARQUISE, LA FINANCIÈRE, venant du fond; puis LOUISILLE, venant de la porte du second plan à droite.

LA FINANCIÈRE.
Tout ceci me fatigue. J'ai une envie de dormir... je bâillerais au nez du pape; ma parole d'honneur, j'y bâillerais!

LA MARQUISE.
Que nos maris surtout ne se doutent de rien. Ils ignorent que Flora est la fille du comte de Mézac; c'est beaucoup.

LA FINANCIÈRE.
Le mien a juré qu'il ne remettrait plus les pieds ici, dans sa petite maison... Mais ce vaurien de Louisille qui n'arrive pas!

LOUISILLE, paraissant une corbeille de fruits à la main.
Au contraire, me voici avec des provisions.
(Il dépose la corbeille à droite et se place entre la marquise et la financière.)

LA FINANCIÈRE.
Louisille, le hasard t'a mis dans la confidence...

LOUISILLE, à part, souriant.
Le hasard!

LA FINANCIÈRE.
Et nous avons mieux aimé t'employer qu'un étranger; mais motus!... Dit-on motus ou mutus?

LOUISILLE.
On dit l'un et l'autre.

LA FINANCIÈRE.
Tant mieux. Tout devrait se dire; les langues seraient bien plus faciles.

LOUISILLE.
Chacun aurait la sienne, comme à la tour de Babel.

LA MARQUISE.
Soyez discret, monsieur Louisille. Les recherches de la police sont trop actives en ce moment pour que nous songions à faire partir Flora de Paris. On se doute que la fille du comte de Mézac est dans ces quartiers, et si elle sortait de cette maison, elle serait prise infailliblement. Dans quelques jours, lorsque la police dirigera ses recherches d'un autre côté, nous songerons à son départ.

LA FINANCIÈRE.
Le dévouement de cette enfant est héroïque!
(à Louisille.) l'*H* d'héroïque n'est pas aspiré?

LOUISILLE.
Pas encore, madame.

LA MARQUISE.
Nous allons faire une course et nous repasserons peut-être par ici en revenant de Saint-Maur.

LA FINANCIÈRE, au cabinet de droite.
Bonjour, cher ange!... (à Louisille.) Ange est-il du masculin ou du féminin?

LOUISILLE.
Les anges n'ont point de sexe.

LA FINANCIÈRE.
Ah! tant pis... c'est désagréable. Pauvres anges!
(Louisille entre dans le cabinet de droite, emportant la corbeille de fruits. La financière et la marquise sortent par la seconde porte à gauche. En même temps on voit paraître le marquis et le financier au fond.)

SCÈNE II.
LE MARQUIS, LE FINANCIER.

LE MARQUIS.
Ah! nous voilà. Il est heureux que vous ayez gardé la clef de la porte secrète.

LE FINANCIER.
Causons un peu ensemble, tandis que le chevalier s'amuse à soupirer et à cueillir des fleurs. Eh bien marquis, partagez-vous mes soupçons?

LE MARQUIS.
Comment ne pas les partager? Depuis trois jours, depuis le moment où Flora a disparu de sa boutique sans que nous sachions ce qu'elle est devenue, votre femme et la mienne, qui étaient instruites peut-être de nos projets sur la jolie lingère, s'absentent souvent, restent longtemps dehors.

LE FINANCIER.
Elles se vengent de notre infidélité.

LE MARQUIS.
Et c'est votre petite maison qui sert de théâtre à des jeux peu innocents. Mon cher ami, nous sentons le Balaru d'une lieue.
(Ici Louisille sort du cabinet; il cherche à s'esquiver par le fond, à petits pas.)

LOUISILLE, à part.

Oh!

LE FINANCIER.

Et ce Louisille que nous n'avons pas revu depuis qu'il nous envoya à la barrière! Ah! s'il se présente, je lui coupe les deux oreilles.

LE MARQUIS.

J'en retiens une.

LE FINANCIER.

Il me les faut toutes les deux.

LE MARQUIS.

Eh bien! je prendrai autre chose.

LOUISILLE, à part.

Ils veulent me dépecer!

SCÈNE III.

LE MARQUIS, LOUISILLE, LE FINANCIER.

LE MARQUIS, apercevant Louisille.

Eh! tenez, tenez, le voilà!

LE FINANCIER.

Viens ici, maraud.

LOUISILLE, à part.

Raillons pour avoir le temps de trouver des idées.. (haut.) Pourquoi m'appelez-vous maraud, monsieur le financier?

LE MARQUIS.

Parce que tu es un maroufle.

LOUISILLE.

Eh bien! qu'attendez-vous d'un maroufle ou d'un maraud? Ne vaudrait-il pas mieux m'appeler brave garçon, ne fût-ce que pour m'engager à le devenir?

LE MARQUIS.

Je crois, Dieu me damne! que tu fais de l'esprit.

LE FINANCIER.

Tout le monde s'en mêle, jusqu'aux gens de rien.

LOUISILLE.

Eh! mon Dieu! si les gens de rien n'avaient pas cela, qu'auraient-ils? Chacun son métier dans ce monde. Moi, monsieur le financier, je fais de l'esprit sans argent; vous, vous faites de l'argent sans...

LE FINANCIER, vivement.

Il suffit.

LOUISILLE, à demi-voix.

Oui, ça rime.

LE MARQUIS.

Tout cela est bel et bon; mais viens ici, pendard.

LOUISILLE.

Non, je ne viendrai pas, si je suis un pendard.

LE MARQUIS.

Pourquoi cela?

LOUISILLE.

Je ne souffrirai pas que vous hantiez mauvaise compagnie.

LE MARQUIS.

Tu prévois un interrogatoire et tu nous jettes des paroles en l'air.

LE FINANCIER.

Pourquoi nous as-tu envoyés à la barrière? Répondras-tu, bélître?

LOUISILLE.

Bélître, pendard, maraud, maroufle!... Ne dirait-on pas que je suis, à moi seul, une escouade de coquins?

LE MARQUIS.

Tu éludes. Pourquoi nous a-t-on transportés barrière d'Enfer?

LOUISILLE.

Est-ce ma faute? Vos femmes étaient là; elles vous ont surpris dans les armoires. Ce sont elles qui ont dit aux porteurs : Nos maris à tous les diables! Les porteurs ont pensé que ce devait être à la barrière d'Enfer.

LE FINANCIER.

J'ai cru que nous étoufferions là-dedans.

LE MARQUIS.

Et pourquoi nous faire déposer chez un marchand de vin?

LOUISILLE.

Ces dames ont pensé qu'en sortant de cette espèce de carrosse hermétiquement fermé, vous auriez besoin de vous rafraîchir.

LE FINANCIER, à Louisille.

Nos femmes savaient donc que nous poursuivions Flora?

LOUISILLE.

Parbleu!

LE MARQUIS, au financier.

C'est clair alors; elles ont ici des galants qui les vengent... (à Louisille.) Et maintenant, dis-moi, pourquoi, depuis trois jours, ne t'a-t-on pas revu? Sais-tu que le chevalier, le financier et moi, nous avons reçu du mari anonyme de Flora, car elle est mariée...

LOUISILLE.

Je le sais.

LE MARQUIS, continuant.

Une lettre dans laquelle il nous menace.

LOUISILLE, jouant l'étonnement.

Bah!

LE MARQUIS et LE FINANCIER, lisant ensemble leur lettre.

« Si vous continuez vos poursuites près de « Flora, ma femme, je vous tue. »

LE MARQUIS.

C'est laconique, mais énergique.

LOUISILLE.

Ah! çà, il en veut donc à tout le monde, ce mari-là!

LE MARQUIS.

Comment?

ACTE III, SCÈNE III.

LOUISILLE.
Il m'a écrit aussi qu'il me tuerait si je continuais à servir vos amours; c'est ce qui vous explique pourquoi vous ne m'avez pas revu.
(Il sourit à part.)

LE FINANCIER.
Voilà au moins une raison. Tu es excusable.

LE MARQUIS.
Passons à autre chose. Comment se fait-il que tu sois dans cette maison, toi?
(Le financier prend une prise.)

LOUISILLE, à part.
Aïe! aïe! (haut.) Ça paraît vous contrarier? Oh! mon Dieu! ne vous fâchez pas; je ne tiens pas à rester, je m'en vais.
(Il fait un pas.)

LE MARQUIS, le ramenant.
Du tout! Avoue que la marquise et la financière ont une intrigue et que tu es leur serviteur.

LOUISILLE, bas au marquis.
Ne m'interrogez pas devant le financier.

LE MARQUIS, bas à Louisille.
Est-ce que lui seul serait menacé d'être Balaru?

LOUISILLE, bas.
Oui.

LE MARQUIS, remontant, faisant quelques pas, et riant à part.
Oh! oh! oh!

LE FINANCIER, à Louisille.
Eh bien! diras-tu pourquoi tu es ici?

LOUISILLE, bas.
Ne m'interrogez pas devant le marquis. Sa femme seule est...

LE FINANCIER, bas.
Vraiment?

LOUISILLE, bas.
Vraiment.

LE FINANCIER, remontant à droite, et riant, à part.
Oh! oh! oh!

LOUISILLE, à part.
Flora est sauvée...

(Une main paraît à la porte du cabinet de droite qui s'entr'ouvre. La main se retire, la porte se referme.)

LE MARQUIS, à part.
Que vois-je?

LE FINANCIER, à part.
Un homme, là?

(Il remonte comme pour aller voir si personne ne survient.)

LOUISILLE, à part.
Mille millions de milliards... de choses!

LE MARQUIS, poussant la porte du cabinet, bas à Louisille.
Flora!

LOUISILLE, vivement, bas au marquis.
Oui, cachée ici par vos femmes et que j'ai déterrée aujourd'hui seulement. Je vous la réserve; mais, vous comprenez, devant le financier... ne faites semblant de rien.

(Le financier redescend.)

LE MARQUIS, bas.
Bon, bien, j'y suis. (Il chantonne.) Ton, ton, ton.

(Il remonte.)

LOUISILLE, à part.
Il n'y est pas du tout.

LE FINANCIER, bas à Louisille, après être allé pousser la porte du cabinet de droite.
Flora!

LE CHEVALIER, qui paraît à la seconde porte de gauche.
Que dit-il?

LOUISILLE, bas au financier.
Oui, pour vous. Chut! devant le marquis, vous concevez!

(Le chevalier descend.)

LE FINANCIER, bas.
J'y suis.

(Il remonte en chantonnant.)

LOUISILLE, à part.
Comme l'autre.

LE CHEVALIER, arrivant, bas à Louisille.
Flora?

LOUISILLE, à part.
Le chevalier!... Ils sont au complet. (bas au chevalier.) Oui, taisez-vous; je veux vous servir.

LE CHEVALIER, bas.
Très bien!

(Il remonte un peu.)

LE MARQUIS, à part, redescendant.
Motus au chevalier et au financier!

LE FINANCIER, à part.
Motus au marquis et au chevalier!

LE CHEVALIER, à part.
Motus au financier et au marquis!

LE MARQUIS, haut.
La soirée est magnifique; si nous allions jusqu'au bassin des Cygnes? (bas à Louisille.) Je reviendrai.

(Il remonte.)

LE CHEVALIER.
Allons! (bas à Louisille.) Je reviendrai.

LE FINANCIER.
Allons! allons! (bas à Louisille.) Je reviendrai.

ENSEMBLE.

AIR:

LE CHEVALIER, à part.
L'aventure est singulière!
Mais soyons mystérieux,
Et Flora bientôt, j'espère,
Recevra mes doux aveux.

LE FINANCIER, LE MARQUIS, à part.
L'aventure est singulière!

Mais soyons mystérieux,
Et l'adorable lingère
Bientôt comblera mes vœux.
LOUISILLE, à part.
Quel parti prendre? que faire?
Voici les trois amoureux !
Et ma femme ne peut guère
Sans danger quitter ces lieux.

(Ils sortent par la porte du fond.)

SCÈNE IV.
LOUISILLE, seul.

Que faire maintenant? comment les éloigner? comment se tirer de là ? J'ai tant dépensé de ruses et d'adresse cette semaine qu'il ne reste plus rien dans le bissac. (Il désigne son front.) J'ai, pardieu! bien envie de me croiser les bras et d'attendre la destinée. (regardant à la seconde porte à droite.) Allons, en voilà un qui s'achemine vers ici. Encore de la besogne qui m'arrive... (vivement.) O influence de la nécessité, merci ! Faire que les obstacles deviennent des expédients, c'est le produit du génie. Envoyons mes trois rivaux solliciter pour nous. Toute une intrigue se déroule dans ma tête; il s'agit de la bien filer. Attention !

SCÈNE V.
LOUISILLE, LE MARQUIS.

(Le marquis arrive en tapinois de la seconde porte à droite.)

LE MARQUIS.
Me voici. Je vais la trouver.
(Il va vers la première porte de droite.)
LOUISILLE.
Impossible ! Elle s'est enfermée à double tour.
LE MARQUIS.
Lui as-tu parlé pour moi ? lui as-tu dit...
LOUISILLE.
Vous ne pouvez pas vous imaginer !
LE MARQUIS.
Et qu'a-t-elle répondu ?
LOUISILLE.
Me permettez-vous de me servir de ses propres expressions ?
LE MARQUIS.
Parle.
LOUISILLE, chaudement toute la scène.
Le marquis est un fanfaron.
LE MARQUIS.
Un fanfaron ?
LOUISILLE.
Oui, et elle a ajouté: Je parie qu'il s'est vanté chez moi, il y a trois jours, lorsqu'il a prétendu que son crédit et son mérite iraient jusqu'à obtenir la grâce d'un grand coupable.
LE MARQUIS.
Et tu n'as rien répondu à cela ?
LOUISILLE.
Je lui ai cité le comte de Mézac, auquel Flora s'intéresse vivement à cause d'une certaine fille naturelle du comte que l'on poursuit et que Flora a intimement connue en province.
LE MARQUIS.
Oui, oui, j'ai entendu parler de cette fille dont on ne sait pas le nom.
LOUISILLE.
Et j'ai affirmé que si vous vouliez, vous arriveriez, moins encore par votre crédit que par votre esprit et par votre ascendant sur les jolies femmes influentes de la cour, vous arriveriez à obtenir la grâce du comte.
LE MARQUIS.
Eh bien?
LOUISILLE.
Eh bien! a-t-elle dit avec une sorte d'exaltation, si le marquis fait cela, j'aurai la plus haute idée de son mérite et...
LE MARQUIS.
Et...
LOUISILLE.
Elle a rougi.
LE MARQUIS.
Vraiment !
LOUISILLE.
A en devenir pourpre.
LE MARQUIS.
Ah! c'est que cette grâce est difficile à obtenir.
LOUISILLE.
Oh ! maintenant que je vous ai placé dans son esprit à une grande hauteur, arrivez à elle dans les proportions ordinaires où elle vous a vu, il y a trois jours, et elle vous repoussera. Présentez-vous au contraire la grâce du comte à la main ; je vous garantis un triomphe complet.
LE MARQUIS.
Eh bien ! morbleu ! je le tenterai ; je vais agir à l'instant même. Ne parle de rien au financier ni au chevalier.
LOUISILLE.
De rien du tout, peste !
LE MARQUIS.
Je pars. Et bientôt je serai de retour pour lui donner des nouvelles.
(Il sort par où il est entré.)
LOUISILLE.
Et d'un. En voici un autre.

SCÈNE VI.

LE FINANCIER, LOUISILLE, puis LE CHEVALIER.

LE FINANCIER, en tapinois, arrivant de la porte du fond.

Eh bien ?

LOUISILLE.

Vous êtes perdu.

LE FINANCIER.

Perdu !

(Le chevalier paraît à la seconde porte de gauche.)

LOUISILLE.

Le marquis sort à l'instant avec une idée admirable.

LE FINANCIER, stupéfait.

Une idée !

LOUISILLE.

Ça vous étonne, vous, une idée ! Il sait que les femmes passent facilement de l'admiration à l'amour.

LE FINANCIER, stupéfait.

Je l'ignorais.

LOUISILLE.

Lui le sait, et il est parti pour obtenir la grâce du comte de Mézac dont la fille naturelle est une ancienne amie de Flora.

LE CHEVALIER, resté près de la porte par où il vient, à part.

Que signifie...

LOUISILLE.

Le marquis ne doute pas, et c'est mon avis, que, s'il arrive ici avec cette grâce, il ne donne à Flora la plus haute opinion de son esprit, de son crédit et de son influence.

LE FINANCIER.

Vraiment ? Eh bien ! ventrebleu ! nous verrons qui l'emportera. Il a du crédit, de l'éloquence, de l'esprit ; moi, j'ai de l'or, de l'or, de l'or !

LOUISILLE.

Trois choses qui en valent bien d'autres.

LE FINANCIER, enfonçant son chapeau et sortant par la porte du fond.

Je vole.

LOUISILLE, à part.

Il appelle ça voler... Il roule... Et de deux.

LE CHEVALIER, s'avançant à la droite de Louisille.

Louisille !

LOUISILLE, à part.

Voici le troisième.

LE CHEVALIER.

C'est ainsi que tu me sers, malheureux ! Tu donnes un avantage à mes indignes rivaux ?

LOUISILLE.

Calmez-vous, calmez-vous. De cet avantage, chacun des deux n'a que la moitié ; mais si vous aviez, vous, tout ensemble, or et crédit ?

LE CHEVALIER.

Tu sais que je suis pauvre et inconnu.

LOUISILLE.

Les femmes sont heureuses d'enrichir leur amant et de le faire connaître.

LE CHEVALIER.

Que veux-tu dire ?

LOUISILLE.

La marquise et la financière vous aiment.

LE CHEVALIER.

Vraiment ?

LOUISILLE.

Oh ! la préoccupation ! Vous ne vous en doutiez pas ?

LE CHEVALIER.

Non.

LOUISILLE.

Eh bien ! je vous l'apprends. Si vous parvenez à leur persuader que vous les aimez, et à votre âge, c'est facile, elles agiront toutes deux pour vous, et vous l'emporterez.

LE CHEVALIER.

Oh ! s'il était vrai ! Conçois-tu mon bonheur ! venir ici et déposer aux pieds de Flora la grâce de son père... car je sais, moi, ce qu'ignorent le marquis et le financier, que Flora est la fille du comte !... venir ici et dire à Flora : Tiens, ton père est libre, ton père qui a rendu tant de services au mien ! Oh ! alors, Flora, ma Flora !...

(Il va vers le cabinet où est Flora.)

LOUISILLE, à part.

Ma Flora ! ma Flora ! Comme ce pronom possessif, dans sa bouche, est agréable pour moi, le propriétaire !

LE CHEVALIER, qui a rêvé.

Mais non, c'est impossible ! je ne saurais trouver auprès de ces deux femmes des paroles d'amour.

LOUISILLE, faisant des gestes.

Eh bien ! trouvez une pantomime avec des mots sans suite. Il en est de l'amour comme de l'ode : chez elle, un beau désordre est un effet de l'art.

LE CHEVALIER.

Oui, mais dire : Je vous aime, à des femmes qu'on n'aime pas !

LOUISILLE.

Eh ! mon Dieu ! on ne fait que ça tous les jours. Si on ne mentait pas aux femmes, on aurait très peu de chose à leur dire.

LE CHEVALIER.

Lorsque j'ai une passion profonde dans le cœur !

LOUISILLE.

Profonde... profonde... Eh ! mon Dieu ! on a dans le cœur une passion de cent toises... Cela empêche-t-il de chercher des récréations auprès des autres femmes ?

LE CHEVALIER.
Tu crois que ça se peut?
LOUISILLE.
Oui, quand ça se veut.
LE CHEVALIER.
Oh! non, non, je ne saurais pas, je serais embarrassé.
LOUISILLE.
Voulez-vous que je me charge des préambules, que je leur dise que vous les aimez?
LE CHEVALIER.
Et tu penses qu'alors...
LOUISILLE.
Alors, vous vous déclarerez vous-même; puis, vous leur demanderez d'agir pour le comte de Mézac, en invoquant les signalés services qu'il a rendus autrefois à votre père, et selon que vous aurez fait honneur à ce que j'aurai annoncé de vous à ces dames, elles remueront ciel et terre. La marquise emploiera tout son crédit et la financière ruinera son mari pour vous être agréable. Elle en a reçu hier vingt mille livres.
LE CHEVALIER.
Allons, je l'essaierai; mais je crains bien d'être gauche, de grimacer l'amour.
LOUISILLE.
Tant mieux; cela ressemblera à de l'amour vrai.
LE CHEVALIER.
Tu as beau dire, c'est bien difficile.
LOUISILLE, finement.
Ah! bah! la marquise est jeune et jolie!
LE CHEVALIER.
Oui, mais la financière; elle est à la fin de sa seconde jeunesse, tout-à-fait à la fin.
LOUISILLE.
Eh bien! les femmes ont quelque chose de charmant à cet âge! elles n'ont plus, je l'avoue, le brillant et matériel éclat des premières années; mais leurs yeux sont plus languissants, et si elles sont pâles, c'est que tout leur sang s'est retiré au cœur pour y réchauffer la dernière espérance... Je vous assure, monsieur le chevalier, que tout cela est très friand et très appétissant... Rapportez-vous-en à moi; je suis un gastronome au banquet des amours.
LE CHEVALIER.
Les voici.
LOUISILLE, remontant vers le fond avec le chevalier.
Eloignez-vous et revenez dans un quart d'heure.
LE CHEVALIER.
C'est pour Flora seule, pour ma Flora.
LOUISILLE.
Bien entendu, pour ma Flora... non, je veux dire pour notre... (Le chevalier sort par la porte du fond) Toutes deux ensemble! c'est embarrassant.

SCÈNE VII.

LA MARQUISE, LOUISILLE, LA FINANCIÈRE.

(La marquise et la financière viennent de la seconde porte à gauche.)

LA FINANCIÈRE.
Ah! je n'en peux plus. Nous avons couru tout le temps... Je dors debout, sur un pied, comme une cigogne.
LOUISILLE.
Faites un somme, madame.
LA FINANCIÈRE s'assied.
Ma foi! j'y suis toute disposée.
LOUISILLE.
Je vous le souhaite plein de rêves agréables.
LA FINANCIÈRE.
Je suis malheureuse dans mes rêves; oui, je rêve toujours chien ou chat... ou mon mari.

(Elle bâille, ferme les yeux et s'endort.)

LOUISILLE, à part, regardant la bouche de la financière.
Quel gouffre!

(La financière dort et ronfle de temps en temps, dans le courant de la scène.)

LA MARQUISE.
Et moi, je vais faire visite à notre jolie hôtesse.
LOUISILLE.
Pardon, madame la marquise; j'aurais à vous demander la faveur d'un moment d'audience.
LA MARQUISE.
Eh bien! parlez, mais parlez bas; la financière dort.
LOUISILLE.
C'est mon devoir, madame la marquise, de signaler un jeune homme à votre méfiance.
LA MARQUISE, étonnée.
Un jeune homme à ma méfiance?
LOUISILLE.
Oui, madame la marquise; car enfin un autre pourrait bien se charger du message que j'ai repoussé.
LA MARQUISE.
Quel message?
LOUISILLE.
Un de ces messages que tous les hommes voudraient mais n'osent envoyer à madame la marquise.
LA MARQUISE.
Qu'est-ce donc?
LOUISILLE.
Un message d'amour.
LA MARQUISE, criant.
D'amour!
LOUISILLE.
Madame la marquise va éveiller madame Mexicard.

ACTE III, SCÈNE VII.

LA MARQUISE, reprenant le ton ordinaire.
C'est juste; elle est si fatiguée!
LOUISILLE.
Ce serait un meurtre.
LA MARQUISE.
Et quel est le téméraire?
LOUISILLE.
Le chevalier.
LA MARQUISE.
Le chevalier!
LOUISILLE, à part.
Ça prend. (haut.) Oui, madame; il vous suit partout, il a pénétré dans ce jardin, il est là, il voulait me donner une lettre pour vous; je me suis douté du contenu et je l'ai prié de s'expliquer... Il m'a tout dit : il sait que je suis discret; j'ai refusé... Alors il m'a traité de cruel, d'impitoyable; il est tombé dans des extravagances touchant vos perfections, votre beauté!
LA MARQUISE, fièrement.
Monsieur Louisille!...
LOUISILLE.
C'est lui qui parle, madame la marquise... Après cela, moi aussi, madame, tout chétif que je suis... (s'inclinant.) je me permets d'admirer le soleil, sans oser le regarder en face.
LA MARQUISE, à part.
Ce garçon n'est point sot.
LOUISILLE.
Et comme je refusais, mordicus! il s'est écrié qu'après trois ans de silence et d'amour, d'amour concentré, il ne lui restait plus qu'à se faire sauter la cervelle.
LA MARQUISE, criant.
Ah! grand Dieu!
LOUISILLE.
Madame Mexicard va s'éveiller.
LA MARQUISE, plus bas.
C'est vrai.
(La financière ronfle deux fois.)
LOUISILLE.
Non, non, ça reprend; elle a de belles cordes dans la voix.
LA MARQUISE.
Et vous croyez, monsieur Louisille, que le chevalier en vienne jamais là?
LOUISILLE.
Pour une autre femme, non; mais pour madame la marquise toute folie est possible.
LA MARQUISE.
Oui, c'est un fou, comme vous dites; mais enfin, c'est mon parent!
LOUISILLE.
C'est bien ce que je me disais encore; c'est un parent de madame la marquise, un jeune parent, un joli parent, un...
LA MARQUISE, vivement, pour l'interrompre.
Après tout, ce n'est pas sa faute s'il m'aime.

LOUISILLE.
C'est la vôtre, madame. Et j'ai pensé, s'il m'est permis d'avoir une opinion...
LA MARQUISE.
Dites toujours.
LOUISILLE.
Quelques sages conseils de madame la marquise auraient une efficacité que n'ont pas eue les miens.
LA MARQUISE.
Vous pensez que mes conseils le rendraient à la raison?
LOUISILLE.
J'en suis sûr.
LA MARQUISE.
Eh bien! un de ces jours, je le gronderai.
LOUISILLE.
C'est qu'il peut en mourir d'ici à demain. Il est dans un état!...
LA MARQUISE, vivement.
Vraiment! c'est à ce point? Eh bien! qu'il vienne aujourd'hui; qu'il m'écoute, qu'il soit sage, et je lui pardonne.
(Elle entre dans le cabinet de gauche, premier plan.)

SCÈNE VIII.

LOUISILLE, LA FINANCIÈRE, endormie.

LOUISILLE.
Voyons l'autre, maintenant. Elle était mieux, quand elle me faisait sauter sur ses genoux... il y a quinze ans. (La financière ronfle.) Elle dort toujours! Elle a, par exemple, le sommeil peu poétique, et je ne voudrais pas que le chevalier la vît dans cet état.
LA FINANCIÈRE, rêvant.
Ah! perfide Mexicard!
LOUISILLE.
Elle a le cauchemar, elle rêve de son mari; je lui dois un dédommagement au réveil. Elle fera une variante au proverbe; elle dira : Le mal vient en dormant; le bien en s'éveillant.
LA FINANCIÈRE, rêvant.
La fa..ri...don...da... la fa..ri..don...daine... la fa...
LOUISILLE.
La voilà au milieu de sa lointaine jeunesse. Elle est aux Porcherons, dansant les cotillons... Mais comment vais-je l'éveiller?... Ah! j'y suis! (Il se met à crier à la cantonade:) Du tout, du tout, je ne m'en charge pas. (regardant la financière qui ronfle.) Elle ronfle toujours! (criant plus fort.) Vous me donneriez cent louis!... Rien! rien!... cherchez-en un autre!... (regardant la financière qui ronfle.) Même immobilité, même musique!... Voyons un peu... (Il se presse contre la financière,

tout en criant :) Jamais ! jamais !... Vous me tueriez plutôt!
LA FINANCIÈRE, s'éveillant.
Tuer !
LOUISILLE, à la cantonade.
Ah ! si vous n'étiez pas gentilhomme...
LA FINANCIÈRE.
A l'assassin! à l'assassin !
LOUISILLE, à la cantonade.
Je vous demande un peu si je dois être victime de son amour !
LA FINANCIÈRE.
L'amour de qui ?
LOUISILLE.
Du chevalier.
LA FINANCIÈRE.
Pour qui ?
LOUISILLE.
Pour vous.
LA FINANCIÈRE, très émue.
Pour moi !.. O ciel! mes jambes s'absentent.
LOUISILLE, à part.
Elle n'y fait pas tant de façons, elle.
LA FINANCIÈRE.
Il t'a dit qu'il m'aime ?
LOUISILLE.
Et, comme il est timide en amour, il voulait me forcer à vous le déclarer; mais je mourrais plutôt que de vous le dire.
LA FINANCIÈRE.
J'aime ta discrétion. Ah! çà, mais ça lui est venu tout d'un coup ?
LOUISILLE.
Ne m'interrogez pas... Il y a trois ans que ça dure, à ce qu'il dit.
LA FINANCIÈRE.
Trois ans! Quelle patience! Pauvre petit !
LOUISILLE.
Et ne voulait-il pas, profitant de votre sommeil, vous contempler à loisir, tomber en extase devant vos charmes?
LA FINANCIÈRE.
Eh bien! je dormais, je n'aurais rien vu ; ça se pouvait.
LOUISILLE.
Au fait, j'ai eu tort de l'empêcher, car il est sorti en s'écriant : « Je n'ai plus d'espérance !... il ne me reste plus qu'à mourir ! »
LA FINANCIÈRE.
Mourir !... Que je me charge la conscience d'un homicide !
LOUISILLE.
Au fait, ce serait la première fois que ça vous serait arrivé.
LA FINANCIÈRE.
Ah! çà, mais, la marquise et moi nous avions pensé qu'il en voulait à Flora.
LOUISILLE.
Du tout... il s'intéresse à son père à cause d'anciens services.

LA FINANCIÈRE.
Oui, tu m'y fais penser! Quoi donc!... quoi donc!.. j'aurais touché cette belle âme, cette magnifique âme !
LOUISILLE.
Percée de part en part.
LA FINANCIÈRE.
Eh bien! je veux qu'il vive ; je l'entendrai, je le recevrai, je le calmerai. Je vais me promener dans ces bosquets ; je lui donnerai audience en plein air, à la face du soleil.
LOUISILLE.
C'est le propre de la vertu.
LA FINANCIÈRE.
Pauvre chevalier !... il n'a pas, lui, un de ces cœurs glacials... Dit-on glacials ou glaciaux ?
LOUISILLE.
Glacials, madame... et glaciaux aussi.
LA FINANCIÈRE.
Tant mieux ; il ne saurait y avoir trop de façons de flétrir l'indifférence du cœur. Ah! si Dieu m'avait faite homme!... et peu s'en est fallu, je crois... j'aurais idolâtré les femmes, je leur aurais tout sacrifié, j'aurais dit comme l'autre :

(Elle chante follement.)
Si le roi m'avait donné
Paris, sa grand'ville,
Et qu'il me fallût quitter
L'amour de ma mie,
Je dirais au roi Henri :
Reprenez votre Paris.
TOUS DEUX.
J'aime mieux ma mie, ô gué !
J'aime mieux ma mie!

(Louisille accompagne en chantant la financière jusqu'à la seconde porte de droite par où elle sort.)

SCÈNE IX.

LOUISILLE, puis LE CHEVALIER.

LOUISILLE, en revenant.
Cette femme est née un jour caniculaire. Allons, allons! pourvu qu'une raillerie du sort ne se jette pas à la traverse de mon action, tout marche au mieux.
LE CHEVALIER, arrivant du fond et se mettant à la droite de Louisille.
Eh bien?
LOUISILLE.
On vous adore.
LE CHEVALIER, effrayé.
Ah! mon Dieu! madame Mexicard aussi?
LOUISILLE, désignant la seconde porte à droite.
Elle est dans ces bosquets, la marquise dans ce pavillon. Vous n'avez plus qu'à tomber à leurs pieds et à y rester...
LE CHEVALIER.
Le plus longtemps possible?

LOUISILLE.
Au contraire, ce serait monotone.
LE CHEVALIER.
Par laquelle commencer ma déclaration?
LOUISILLE.
Par la financière, je crois; c'est le plus difficile.
LE CHEVALIER.
Non, non, par la marquise; je mentirai plus volontiers près d'elle.
LOUISILLE.
Au fait, oui, et une fois en train d'éloquence...
LE CHEVALIER.
J'irai à l'autre.
LOUISILLE.
Bonne chance!
LE CHEVALIER.
Mauvaise plaisanterie! Mais c'est pour Flora que je vais mentir, et pour elle je suis capable de tout.
(Il entre dans le cabinet de gauche.)

SCÈNE X.

LOUISILLE, seul.

Ah! j'aurai bientôt cinq solliciteurs en campagne! C'est charmant, mais cela ne suffit pas. Aussitôt qu'il fera nuit, j'irai chercher une voiture, et fouette cocher, j'enverrai Flora à Saint-Germain et j'attendrai à Paris le résultat de toutes les démarches qu'on fait pour nous. Mais d'ici à la nuit, exploitons tous les instants. Ce n'est point assez d'éloigner ma femme, si je laisse son cœur ici. Elle aime le chevalier; désenchantons-le à ses yeux. La circonstance est des plus heureuses... Mon Dieu! que de peine je me donne et qu'on a de mal à conserver son bien! Après ça, je suis un sot peut-être. Au lieu de chercher à soustraire ma femme aux poursuites de la police, j'aurais dû la laisser embastiller; elle serait là à l'abri de mes trois rivaux et j'aurais eu plus de temps et de liberté d'esprit pour m'occuper de la réhabilitation de mon beau-père. Dans tous les cas, j'aimerais mieux que la police enlevât ma femme à l'amour que de voir l'amour l'enlever à la police. (Il ouvre la porte du cabinet à droite où est Flora et lui dit:) Venez, soyez sans crainte.

(Au moment où il va faire sortir Flora, la marquise et le chevalier sortent du cabinet de gauche. Louisille ferme la porte du cabinet qui donne sur le théâtre et ouvre la fenêtre qui donne sur la salle.)

SCÈNE XI.

LA MARQUISE, LE CHEVALIER, LOUISILLE, FLORA, dans le cabinet de droite.

LA MARQUISE.
Vous m'aimez donc?
LE CHEVALIER.
Je vous adore! (à part.) Ah! que c'est difficile!
LA MARQUISE, donnant une lettre.
Eh bien! portez ceci à la duchesse, c'est la femme la plus puissante de la cour; elle est mon intime amie, la confidente de toutes mes pensées; je lui fais connaître le sentiment qui m'a dicté ce billet; elle fera toutes les démarches que vous demanderez.
LOUISILLE, bas à Flora.
Pour le faire nommer capitaine.
LE CHEVALIER.
Ne pensez-vous pas, belle marquise, que votre présence serait plus utile, plus efficace?
LA MARQUISE, déchirant la lettre en deux et jetant les morceaux sur la table.
Vous le pensez? Eh bien! je pars... Restez; si le marquis nous rencontrait ensemble...
(Elle sort par la porte du fond.)
LE CHEVALIER.
Oh! comptez sur mon éternelle reconnaissance... Maintenant, à la financière.
(Il va dans les bosquets à droite.)
LOUISILLE, à Flora, en sortant.
Vous l'avez vu et entendu: il les aime toutes les deux, il quitte la marquise et court à la financière. Tenez, regardez à travers les arbres: il lui prend les mains... il se jette à ses pieds... La financière cherche à se trouver mal.
FLORA.
Oh! quelle indignité!
LOUISILLE.
Quelle abomination! Eh?
FLORA.
Oh! emmenez-moi, emmenez-moi; je ne veux plus rester ici. Je suffoque!
LOUISILLE, la faisant rentrer dans le cabinet de droite.
Oui, oui, rentrez, je cours chercher un carrosse, et bientôt...
FLORA.
Oui, oui, nous partirons, mon ami.
LOUISILLE.
Mon ami! Vous avez dit: Mon ami! Oh! je vole. (à part.) Si j'allais être enfin le mari de ma femme!

(Au moment où Louisille va sortir par le fond, la financière et le chevalier arrivent par la seconde porte de droite. Flora se met sur la porte du ca-

binet et Louisille lui fait signe de se taire. Ils écoutent.)
LA FINANCIÈRE, radieuse.

Oh! charmant, délirant, suffoquant, apoplectique! Tout à toi, tout à toi pour la vie. Pour toi je plumerais mon mari de pied en cap!

(Elle va vers la table qui est à gauche.)
LE CHEVALIER.

Cet or que vous allez prodiguer pour moi, je vous le rendrai sur ma part de l'héritage de mon père; mais en attendant, voici une reconnaissance. (Il passe à la droite de la financière, il écrit et dit tout haut :) « Je reconnais avoir reçu de ma chère, bonne et belle madame Mexicard...
LA FINANCIÈRE.

Tu me trouves belle, n'est-ce pas, mignon?
LE CHEVALIER, soupirant.

Oh! vous n'avez pas d'idée!

(continuant d'écrire.)

«La somme de vingt mille livres que je lui paierai dans trois mois. Le chevalier de NANGIS. »
LA FINANCIÈRE, passant à la droite du chevalier.

Donnez-moi la plume. (Elle écrit au bas de la reconnaissance et dit haut :) « Dans trois mois ou jamais, au choix de mon aimable chevalier.

Femme MEXICARD, née PISTACHE. »
LOUISILLE, bas à Flora.

Est-ce assez clair?
LA FINANCIÈRE, chiffonnant la reconnaissance et la jetant sur la table.

Est-ce que j'ai besoin d'une reconnaissance de cette nature! Mais je n'ai pas de temps à perdre. J'ai là ma chaise. Ne m'accompagnez pas... Du mystère! Je cours solliciter, intriguer, acheter, corrompre. A revoir, à revoir, mon tourtereau!

(Elle sort par le fond en sautillant.)
LOUISILLE, bas à Flora.

Réflexion faite, venez; sortons ensemble.

(Ils sortent du cabinet à petits pas.)
LE CHEVALIER, à lui-même.

Oui, oui, elles obtiendront le rappel du comte de Mézac!
FLORA, à part.

Que dit-il?

(Flora, qui s'en allait avec Louisille, entraîne Louisille du côté du chevalier.)
LE CHEVALIER, à lui-même.

Quand je leur parlais d'amour, elles ont dû croire à mon mensonge, car j'avais là, sous les yeux, l'image de ma Flora bien-aimée!
FLORA passe entre Louisille et le chevalier.

Est-il possible?
LOUISILLE, à part.

Patatra, voilà mon plan par terre!
LE CHEVALIER.

Ah! Flora, c'est vous! Si vous saviez ce que je viens de dire à la marquise et à la financière! C'est Louisille, c'est l'ingénieux Louisille qui m'a donné ce conseil, n'est-ce pas?
LOUISILLE, à part.

Il m'appelle ingénieux! (haut.) Oui, oui, c'est moi.
LE CHEVALIER.

Et maintenant, va, sors. Le marquis et la marquise, le financier et la financière ne sont plus là. Tu me gênes; laisse-nous seuls.
LOUISILLE.

Comment! vous n'agissez pas de votre côté, vous n'allez pas seconder ceux qui sollicitent pour le comte?
LE CHEVALIER.

Non, non; je ne puis rien personnellement. Je ne sortirai pas.
LOUISILLE.

Monsieur le chevalier...
LE CHEVALIER.

Oh! va-t-en; tu le sais, il y a un poste de maréchaussée à deux pas, et en mettant ton nom sur certaine lettre de cachet... (Il désigne sa poche de côté.) Tu comprends le reste?
LOUISILLE.

Parfaitement; mais...
LE CHEVALIER.

Je te dis que ma vie est désormais inséparable de celle de Flora, et je ne permettrai à personne de se placer entre elle et moi. Va-t-en me chercher un carrosse de place; que j'emmène Flora d'ici. Dépêche; je t'attends!
LOUISILLE, à part.

Allons, allons, allons, il faut en finir. Il n'y a qu'un remède dans la crise; il est un peu violent, mais il le faut pour sauver l'honneur de ma femme et n'être pas Balaru.

ENSEMBLE.

Air : Final de la Consigne.
LE CHEVALIER, à Louisille.

Allons! va! cours en diligence;
Laisse-moi seul en cet heureux moment,
Et surtout garde le silence
Ou crains tout mon ressentiment.
LOUISILLE, à part.

Oui, oui, je cours en diligence,
Pour amener un autre dénoûment.
Je ne puis lui laisser la chance
D'être heureux à mon détriment.
FLORA, à part.

Que faire en cette circonstance?
Je ne saurais écouter mon penchant.
Il faut, en toute diligence,
Suivre le mari, fuir l'amant.

(Louisille sort par la porte du fond.)

SCÈNE XII.

LE CHEVALIER, FLORA.

LE CHEVALIER, retenant Flora qui va suivre Louisille.
Oh! arrêtez, Flora! Enfin, enfin! je suis seul avec vous! Comprenez-vous mon ivresse? Oh! dites-moi, dites-moi que vous n'êtes pas insensible à mon amour!

FLORA.

Vous demandez si je vous aime? Et que puis-je vous répondre, à vous qui, dès le premier pas que vous avez fait vers moi, m'avez apporté l'espérance! à vous dont les premières paroles ont été des paroles de dévouement! vous que j'ai trouvé toujours entre un danger et moi pour le repousser au prix de votre sang! vous que j'ai rencontré sur le chemin d'une vie malheureuse et délaissée, et qui avez été mon appui, ma force, mon courage!... vous me demandez si je vous aime? Mais Dieu me punirait de ne pas vous aimer! Oui, je vous aime, je vous aime!

LE CHEVALIER.

Eh bien! Flora, en dépit de tous les obstacles, de tous les liens, vous serez à moi.

FLORA.

Non, oh! non. Vous le savez; j'appartiens à un autre; vous me respecterez, vous ne resterez pas plus longtemps auprès de moi; vous n'abuserez pas d'un aveu qui me laisse sans force; vous irez, cela est plus digne de vous, vous irez à l'instant même vous joindre à ceux qui sollicitent la réhabilitation de mon père.

LE CHEVALIER.

Vous le voulez?

FLORA.

Je vous en prie.

LE CHEVALIER.

Eh bien! j'obéis, je pars... A bientôt.

(Il sort par la porte du fond.)

SCÈNE XIII.

FLORA, seule.

Oh! je suis heureuse. Un doux pressentiment agite mon cœur; oui, tout me dit que mon père sera bientôt reconnu innocent... Mais, mon Dieu! je suis seule ici, la nuit va venir, et j'entends.. J'ai peur... Oh! rentrons, enfermons-nous... Le marquis!

SCÈNE XIV.

FLORA, LE MARQUIS, par la porte de droite.

LE MARQUIS, à part.

Il n'y a que ce moyen... (haut.) Flora! c'est vous!... Oh! que j'étais impatient d'arriver! Je vous apporte une bonne nouvelle : j'ai obtenu la réhabilitation de la personne à laquelle vous vous intéressez, du comte de Mézac.

FLORA.

Il serait possible!

LE MARQUIS.

Il est libre maintenant; l'honneur lui est rendu... Je lui ai dit que j'avais agi sous l'inspiration d'une jeune fille que je ne lui ai pas nommée... Il vous attend; il désire vous voir.

FLORA, radieuse.

Ah! mon Dieu!

LE MARQUIS.

La marquise est là, dans mon carrosse... Venez, venez.

(Il la prend par la main.)

FLORA, passant à la gauche du marquis.

Madame la marquise est là? Je vous suis... Mais pardonnez; la joie, l'émotion... quelques instants pour me remettre.

(Elle tombe sur un siège.)

LE MARQUIS, bas à un domestique qui paraît à la seconde porte à droite.

Ventre à terre jusqu'à mon château de Mareuil... (Le domestique disparaît; haut.) Flora, la nuit vient... Quand j'ai quitté le comte, il était sur le point de se rendre à Versailles pour se jeter aux pieds du régent, et il devait y amener sa fille... Hâtons-nous; autrement vous ne la verrez pas.

FLORA, se levant, stupéfaite.

Sa fille?

LE MARQUIS.

Oui, sa fille naturelle, votre amie intime de province. Je l'ai trouvée près de son père; elle brûle de vous presser dans ses bras... Partons.

FLORA.

Monsieur le marquis, vous me trompez.

LE MARQUIS.

Quoi?

FLORA.

Vous me trompez, vous dis-je; je ne vous suivrai pas.

LE MARQUIS.

Flora!

FLORA.

Vous n'avez pas vu le comte de Mézac!

LE MARQUIS.

Je vous jure...

FLORA.

Vous ne l'avez pas vu!

5

LE MARQUIS, à part.

Le diable mon compère me trahit.

FLORA.

Oh! c'est une chose indigne!... Descendre à un odieux mensonge pour abuser une femme!

LE MARQUIS, prenant son parti et souriant.

La gravité du mensonge, belle Flora, n'en prouve que mieux la vivacité du sentiment. Celui qui ne commet pas de péché pour les femmes est-il digne de leur plaire?... Il n'y a que les gens qui se damnent pour elles, dans l'autre monde, qui méritent de trouver près d'elles le paradis dans celui-ci.

FLORA.

Oh! vous ne m'inspirez que de la haine!

LE MARQUIS, d'un ton dégagé, lui prenant la main.

Allons, allons, ma belle; il faut me suivre sans éclat et sans bruit.

FLORA.

Oh! non... On vient; je n'ai plus peur.

LE MARQUIS, souriant.

Ce sont mes gens.

FLORA.

Prétendriez-vous donc employer la force?

LE MARQUIS, dégagé.

Que voulez-vous?... En ce moment, l'amour n'y peut rien, la ruse a échoué. Soyez juste; que me reste-t-il?

(On entend un bruit de pas.)

FLORA, poussant un cri de terreur.

Ah!

LE MARQUIS, allant au fond.

Qu'est-ce que c'est?

SCÈNE XV.

LES MÊMES, LOUISILLE, LE FINANCIER, arrivant du fond.

LE FINANCIER.

On vient arrêter Flora; une lettre anonyme l'a dénoncée au poste voisin comme fille du comte de Mézac... La maison est cernée de toutes parts.

FLORA.

O ciel! je suis perdue!

(Elle entre dans le cabinet de droite.)

LOUISILLE, à part.

Il le fallait... La police arrive à temps pour préserver mon honneur et faire une niche à l'amour.

LE FINANCIER.

Entendez-vous? Voici les soldats.

SCÈNE XVI.

LOUISILLE, LE FINANCIER, LE MARQUIS, LE CHEVALIER, LA FINANCIÈRE, LA MARQUISE, arrivant par la porte du fond.

LE CHEVALIER, accourant.

Où est-elle? où est-elle?... Le comte de Mézac est libre.

LOUISILLE.

Quel bonheur!

LE CHEVALIER.

Le papier que possédait le baron de Grandjean n'était pas anéanti; cédant à un mouvement de générosité, aux sollicitations de la marquise...

LA FINANCIÈRE, à part.

Et à mes vingt mille livres.

LE CHEVALIER.

Il est allé trouver le régent. Le comte de Mézac est réhabilité.

LA FINANCIÈRE.

Allons porter cette nouvelle à Flora. Je suis Notre-Dame de Bonne-Nouvelle, moi.

(La financière et la marquise entrent dans le cabinet de droite.)

LE CHEVALIER.

Tous ses biens sont rendus au comte; sa fille les partagera avec lui.

LOUISILLE.

Ah! enfin, je puis quitter l'incognito. Le mari de Flora, messieurs, c'est moi.

LE CHEVALIER.

Le mari présent, oui; mais le mari futur, c'est moi.

(Le marquis et le financier s'étonnent.)

LOUISILLE.

Vous voudrez bien attendre que ma femme soit veuve.

LE CHEVALIER.

Flora vous a toujours repoussé et vous n'avez d'un mari que le titre.

LOUISILLE.

J'espère avoir mieux désormais; et je vais...

(Il passe entre le marquis et le chevalier pour entrer chez Flora.)

LE CHEVALIER, l'arrêtant.

Monsieur Louisille, je sais tout; j'ai vu entre les mains du comte de Mézac votre contrat de mariage avec sa fille... Vous aviez tout prévu.

LOUISILLE.

J'entends un peu la procédure.

LE CHEVALIER.

Dans le cas où le comte de Mézac n'eût pas été reconnu innocent, vous aviez laissé, à dessein, un vice de forme qui invalide cet acte.

LOUISILLE, à part.

Aïe! aïe!

LE CHEVALIER.

Ceci peut vous mener loin. Du reste, choisissez : cent mille livres si vous renoncez à Flora; si vous voulez plaider, la Bastille !

(Il entre chez Flora.)

SCÈNE XVII.
LOUISILLE, LE FINANCIER, LE MARQUIS.

(Durant la scène précédente, le financier et le marquis ont souri en ricanant, surtout lorsque le chevalier a dit à Louisille qu'il n'avait d'un mari que le titre.)

LOUISILLE, marchant à gauche du côté de la table.

Eh bien ! morbleu ! je plaiderai, je plaiderai, et il ne l'épousera pas.

(Le marquis et le financier poussent un long éclat de rire et désignent Louisille du doigt.)

LE MARQUIS et LE FINANCIER.

Ah ! ah ! ah ! ah ! ah !

LOUISILLE, piqué.

De quoi riez-vous donc ?

LE MARQUIS, riant.

Il le demande !

LE FINANCIER, riant.

Ah ! c'est toi qui es le mari ?

(Ici Louisille, en colère, chiffonne des papiers qui sont sur la table. C'est la lettre que la marquise a déchirée en deux, et la reconnaissance que le chevalier a faite à la financière. Louisille prend ces papiers pour se donner une contenance; il les déplie, y porte les yeux, et y voit enfin un moyen de représailles contre les plaisanteries du marquis et du financier.)

LE MARQUIS.

L'aventure est des plus bouffonnes ! Cela me console d'avoir échoué près de Flora.

LE FINANCIER.

Et il paraît qu'il n'a été mari qu'en peinture. Ah ! ah ! ah !

LE MARQUIS.

Et le chevalier, plus heureux que nous, a eu un long tête-à-tête avec sa femme. Il est Balaru ! Ah ! ah ! ah !

LE FINANCIER.

Ah ! ah ! ah ! nous étions trois contre ce pauvre Louisille !

LE MARQUIS, déclamant.

Que vouliez-vous qu'il fît contre trois ?

LOUISILLE, déclamant.

Qu'il le fût.

LE MARQUIS, avec un flegme railleur.

Mais j'y songe ; je ne sais pas si un mari qui n'a eu que des respects pour sa femme peut être appelé Balaru ; car enfin, pour être dépossédé, il faut avoir possédé. (à Louisille.) Ton cas est douteux.

LOUISILLE.

Ce qui ne l'est pas, par exemple, c'est le vôtre.

LE MARQUIS et LE FINANCIER, fièrement.

Eh ?

LOUISILLE passe entre le marquis et le financier. Il donne au premier la lettre de sa femme et à l'autre la reconnaissance du chevalier avec l'apostille de la financière.

Voyez.

LE MARQUIS, parcourant la lettre.

Ciel ! la marquise aime le chevalier !

LOUISILLE, riant.

Ah ! ah ! ah !

LE FINANCIER, parcourant la lettre.

Ah ! mon Dieu ! ma femme qui lui donne vingt mille livres ! Le chevalier ne s'acquittera jamais.

LOUISILLE.

Rassurez-vous ; le chevalier s'est acquitté.

LE MARQUIS.

C'est indigne !

LE FINANCIER.

C'est abominable !

LOUISILLE.

Mais non, mais non. Ces trois dames, en ayant beaucoup de considération pour monsieur le chevalier, qui n'est pas brillant comme monsieur le marquis...

LE MARQUIS.

Qui n'est pas riche comme le financier..

LE FINANCIER.

Qui n'est pas bel homme comme Louisille...

LOUISILLE.

Ces trois dames ont prouvé que ce qui séduit le plus les femmes, ce n'est ni la bonne mine, ni l'esprit, ni l'or, mais le cœur.

LE MARQUIS, LE FINANCIER, en colère.

Il se moque, je crois !

LOUISILLE.

Calmez-vous ! Après tout, chacun de nous peut se consoler en regardant les deux autres.

LE MARQUIS et LE FINANCIER, riant malgré eux.

Impertinent !

LOUISILLE.

Chut ! voici nos femmes !

(Le marquis et le financier sont confus.)

SCÈNE XVIII.
LE MARQUIS, LOUISILLE, LE FINANCIER, LE CHEVALIER, LA FINANCIÈRE, FLORA, LA MARQUISE.

FLORA, à la marquise qui la conduit.

Je vais revoir mon père.

LA FINANCIÈRE, à demi-voix, au chevalier.

Vous aimiez Flora ! Vous m'aviez donc trompée ?

LE CHEVALIER, bas.

Le cœur se partage-t-il ? A Flora tout mon amour, à vous mon amitié.

LA FINANCIÈRE, à demi-voix, avec dédain.

Fi donc ! une amitié fadasse !

(Elle passe du côté de la marquise, et Flora se trouve près du chevalier.)

LE CHEVALIER, à Louisille.

Eh bien ! monsieur Louisille, qu'avez-vous résolu ? Les soldats de police sont encore là.

LOUISILLE.

Ah ! les soldats sont encore.. Réflexion faite, cent mille livres d'un côté, la Bastille de l'autre, et puis cette bonne Flora que j'ai trompée... Le remords l'emporte ; j'accepte les cent mille livres.

LE CHEVALIER.

Ah ! je fais un mariage d'amour.

LOUISILLE.

Et moi un veuvage d'argent.

LE FINANCIER, au marquis.

Et nous deux, que faisons-nous ?

LA FINANCIÈRE.

Vous faites triste mine... ou triste figure.

ENSEMBLE.

LE MARQUIS, LE FINANCIER, à part.
Après tout, quand j'y pense,
Calmons notre fureur.
Notre malheur, en France,
Est un commun malheur.

LA MARQUISE, LA FINANCIÈRE, à part.
Nos maris, je le pense,
Ont forfait à l'honneur ;
Mais enfin la vengeance
Doit calmer notre cœur.

FLORA.
Céleste Providence,
La joie est dans mon cœur.
C'est un jour d'espérance,
C'est un jour de bonheur !

LE CHEVALIER, prenant Flora sous le bras.
Partons en diligence,
La joie est dans mon cœur.
C'est un jour d'espérance,
C'est un jour de bonheur !

LOUISILLE, à part.
Après tout, j'ai la chance ;
Car pour un peu d'honneur,
J'acquiers beaucoup d'aisance
Et ne suis plus coiffeur !

FIN DE L'AMOUR.

IMPRIMERIE DE E. DUVERGER, RUE DE VERNEUIL, N° 4.

FRANCE DRAMATIQUE.

PIÈCES EN VENTE :

- La Seconde Année.
- L'École des Vieillards.
- L'Ours et le Pacha.
- Le Camarade de lit.
- Le Mari et l'Amant.
- Les Malheurs d'un Amant heureux.
- Henri III, et sa cour.
- Un Duel sous le cardinal de Richelieu.
- Calas, du Durange.
- Michel et Christine.
- Le Mariage de raison.
- L'Homme au Masque de fer.
- La Jeune Femme colère.
- L'Incendiaire.
- La Vieille.
- Le Jeune Mari.
- La Demoiselle à marier.
- Les Vêpres Siciliennes.
- Le Budget d'un jeune ménage.
- L'Auberge des Adrets.
- Philippe.
- La Dame blanche.
- Toujours.
- Dix ans de la vie d'une femme.
- Le Lorgnon.
- Bertrand et Raton.
- Une Faute.
- Le ci-devant jeune homme.
- Marie Mignot.
- Pourquoi?
- Richard d'Arlington.
- La Chanoinesse.
- Les Comédiens.
- L'Héritière.
- Léontine.
- Le Gardien.
- Dominique.
- Le Philtre Champenois.
- Le Chevreuil.
- Le Charlatanisme.
- Vert-Vert.
- Brucia et Palsprat.
- Une Fête de Néron.
- Le Mariage extravagant.
- Le Paysan perverti.
- Pinto, en 5 actes.
- La Carte à payer.
- Le Mari de ma femme.
- Les vieux Péchés.
- Luxe et Indigence.
- Zoé.
- Louis XI.
- Ninon chez madame de Sévigné.
- Robin des Bois.
- Marius.
- Marie Stuart.
- Les Rivaux d'eux-mêmes.
- La famille Gillet.
- Les Héritiers.
- Jeanne d'Arc.
- Les Maris sans femmes.
- L'Assemblée de famille.
- Mémoires d'un Colonel de Hussards.
- Le Paria.
- Les Deux Maris.
- Le Médisant.
- La Passion secrète.
- Rabelais.
- Les Deux Gendres.
- Estelle.
- Trente Ans.
- Le Pré-aux-Clercs.
- La Poupée.
- La Tour de Nesle.
- Changement d'uniforme.
- Une Présentation.
- Madame Gibou et Madame Pochet.
- Est-ce un rêve?
- Fra-Diavolo.
- Robert-le-Diable.
- Le Duel et le Déjeuné.
- Zampa.
- Avant, Pendant et Après.
- Les Projets de mariage.
- Un premier Amour.
- Napoléon, ou Schœnbrunn et Sainte-Hélène.
- La Courte-Paille.
- Le Hussard de Felsheim.
- 1760, ou les trois Chapeaux.
- Rigoletti.
- Robert Macaire.
- Frédégonde et Brunehaut.
- Gustave III.
- Elie est folle.
- L'Abbé de l'Épée.
- Un Fils.
- Les Infortunes de M. Jovial.
- M. Jovial.
- Victorine.
- Catherine, ou la Croix d'or.
- La Belle-Mère et le Gendre.
- Heur et Malheur.
- Il y a Seize ans.
- L'Héroïne de Montpellier.
- C'est encore du Bonheur.
- La Mère au bal, et la Fille à la maison.
- Jean.
- Les Etourdis.
- Valérie.
- Faublas.
- Picaros et Diégo.
- La Démence de Charles VI.
- Une Heure de mariage.
- Madame Du Barry.
- Le Voyage à Dieppe.
- Les Anglaises pour rire.
- Un Moment d'imprudence.
- Le Dîner de Madelon.
- Les Deux Ménages.
- Le Bénéficiaire.
- Les Malheurs d'un joli Garçon.
- Robert, chef de Brigands.
- Michel Perrin.
- Une Journée à Versailles.
- Le Barbier de Séville.
- Les Cuisinières.
- Le nouveau Pourceaugnac.
- Marie.
- Le Secrétaire et le Cuisinier.
- Clotilde.
- Le Bourgmestre de Saardam.
- Le Roman.
- Le Coin de rue, ou le Rempailleur de chaises.
- Le Célibataire et l'homme marié.
- La Maison en loterie.
- Les Deux Anglais.
- Le Mariage impossible.
- La Ferme de Bondi.
- Werther.
- La Prison d'Edimbourg.
- La première Affaire.
- La Famille de l'apothicaire.
- Don Juan d'Autriche.
- L'Enfant trouvé.
- Le Poltron.
- Le Facteur.
- Misanthropie et Repentir.
- Le Châlet.
- Perrinet Leclerc.
- Moiroud et Compagnie.
- Agamemnon.
- Chacun de son côté.
- Le Vagabond.
- Thérèse.
- Sans Tambour ni Trompette.
- Marino Faliero.
- Fauchon la Vielleuse.
- Prosper et Vincent.
- Glenarvon.
- Le Conteur.
- Le Caleb de Walter Scott.
- La Dame de Laval.
- Carlin à Rome.
- Les Deux Philibert.
- Les Couturières.
- Couvent de Tonnington.
- Le Laudaw.
- Une famille au temps de Luther.
- Les Poletais.
- Honorine.
- Angéline.
- La Princesse Aurélie.
- Les Petites Danaïdes.
- Sophie Arnould.
- Un Mari charmant.
- Les deux Frères.
- Madame Lavalette.
- La Pie Voleuse.
- La Famille improvisée.
- Les Frères à l'épreuve.
- Le Marquis de Carabas.
- La Belle Braillière.
- Les Deux Jaloux.
- La Laitière de Montfermeil.
- Les Bonnes d'Enfants.
- Farruck le Maure.
- Monsieur Sans-Gêne.
- Madame de Sévigné.
- M. Chapolard.
- La Camargo.
- Préville et Taconnet.
- Le Bourru bienfaisant.
- La Fille de Dominique.
- Le Philosophe sans le savoir.
- Rossignol.
- Deux vieux Garçons.
- La jeunesse du duc de Richelieu.
- Le père de la Débutante.
- L'Avoué et le Normand.
- La Juive.
- Un Page du Régent.
- Les Indépendants.
- Les Huguenots.
- Mal noté dans le quartier.
- L'Idiot, drame en 4 actes.
- Suzette.
- Guillaume Colmann, dr. en 5 actes.
- Les Deux Edmond.
- Le Serment de Collège.
- La Vie de Garçon.
- Le Commis-Voyageur.
- La Liste de mes Maîtresses.
- Alix, ou les Deux mères.
- 99 Moutons et un Champenois.
- Harnali, parodie.
- Un Ange au sixième étage.
- Frascati, vaud. en 3 actes.
- La Cocarde tricolore.
- La Muette de Portici.
- La Foire Saint-Laurent.
- Clermont.
- Le Pioupiou, v. en 3 actes.
- Le Perruquier de la Régence.
- Le Chevalier du Temple.
- Le Mariage d'argent.
- Le Camp des Croisés avec une préface et une Lettre de Victor Hugo à l'auteur.
- Mademoiselle d'Aloigny.
- Une vision, ou le Sculpteur.
- Le Bourgeois de Gand.
- Le Pauvre Idiot, dr. 5 actes.
- Louise de Ligerolles, dr. en 3 actes.
- L'Homme de Soixante ans.
- Marguerite.
- La Belle-Sœur.
- Célève la Créole, ou l'opinion, dr. en 5 actes.
- Mademoiselle Bernard, ou l'autorité paternelle.
- Précepteur à vingt ans.
- Madame Grégoire.
- La Cachucha.
- Samuel le marchand, dr. en 5 actes.
- Guillaume Tell, op. 4 a.
- Henri Hamelin, drame en 5 actes.
- Un testament de dragon.
- Le Ménestrel, com. 5 a.
- Les Bayadères de Pithiviers, vaud. en 3 tab.
- Peau d'Ane, en 5 a.
- L'ouverture de la Chasse.
- La Vie de Château.
- Thérèse, opéra-comique.
- L'Obstacle imprévu.
- Richard Savage, dr. 5 a.
- Le Grand-Papa Guérin.
- Le Général et le Jésuite, drame en 5 actes.
- La Boulangère à des écus.
- Don Sébastien de Portugal, trag. en 5 actes.
- C'est Monsieur qui paie.
- Mademoiselle Clairon.
- Ruy-Brac, parodie de Ruy-Blas.
- Une Position délicate.
- Randal, dr. en 5 actes.
- L'Enfant de Giberne.
- Sept Heures.
- Un bal de Grisettes.
- Candiani, roi de Rouen.
- Françoise et Francesca.
- La Mantille.
- Les Trois Gobe Mouches.
- Le Postillon Franc-Comtois.
- Mademoiselle Nichon.
- Dagobert.
- Les Maris vengés.
- Une Sainte-Hubert.
- La Fille d'un Voleur.
- Les Serments.
- Le Planteur.
- Jaspin, com. vaud.
- Le Père Pascal.
- Nanon, Ninon et Maintenon.
- Phœbus.
- Les Camarades du ministre.
- Vingt-six ans.
- La Canaille.
- L'Éclair.
- L'Intérieur des Comités révolutionnaires.
- La Laitière de la Forêt.
- Bobèche et Galimafré.
- La Femme Jalouse.
- Le Panier Fleuri.
- Le Protégé.
- Le Diamant.
- Les Treize.
- L'Eau merveilleuse.
- Le Naufrage de la Méduse.
- Geneviève la Blonde.
- Industriels et Industrieux.
- Le Pied de mouton.
- La Grande Dame.
- Passé Minuit.
- Les trois Quartiers.
- Le Susceptible.
- Le Pacte de Famine.
- Le Tribut des Cent Vierges.
- Isabelle de Montréal.
- Une Visite nocturne.
- Madame de Brienne.
- Un Ménage parisien.
- Les Brodequins de Lise.
- Valentine.
- La Belle Bourbonnaise.
- Mademoiselle Desgarcins.
- Passé Midi.
- La Nuit du Meurtre.
- La Fiancée.
- Les Ouvriers.
- Un Jeune homme charmant.
- L'Élève de Saumur.
- La Carte blanche.
- Chantre et Choriste.
- Les Chansons de Béranger.
- La Fille du musicien.
- La Rose Jaune.
- Le Shérif.
- Les Filles de l'Enfer.
- César ou le Chien du château.
- Eustache.
- L'Amour.

IMPRIMERIE DE E. DUVERGER, RUE DE VERNEUIL, N° 4.

www.ingramcontent.com/pod-product-compliance
Lightning Source LLC
Chambersburg PA
CBHW060521050426
42451CB00009B/1095